MONSIEUR DE NOSTRADAMUS

DU MÊME AUTEUR

Nostradamus historien et prophète, tome I
Le Rocher, 1980

Nostradamus historien et prophète, tome IIL
Le Rocher, 1982

La Prophétie des papes de Saint-Malachie
Le Rocher, 1984

La Comète et les Prophéties
Michel Lafon, 1986

Nostradamus et Henry Miller
Le Rocher, 1994

Nostradamus, nouvelles prophéties 1995-2025
Ramsay, 1995

Jean-Charles de Fontbrune

MONSIEUR DE NOSTRADAMUS

Biographie

Éditions Ramsay

Avertissement

En comparaison des nombreuses exégèses et interprétations des quatrains de Nostradamus, on ne trouve, dans l'imposante bibliographie[1] concernant ce personnage hors du commun, que fort peu de biographies. Or il semble impossible de pénétrer son œuvre en profondeur sans avoir étudié sa vie. Le mode de vie d'un écrivain, ses voyages, son milieu familial, ses goûts, ses centres d'intérêts sont instructifs.

Mais le vieux dicton « on ne prête qu'aux riches » s'applique tout particulièrement à Nostradamus. En effet, la plupart des biographies lui ont prêté bon nombre de faits et de paroles, sans avoir procédé à des vérifications historiques. Plus souvent ils ont attribué au prophète leurs engagements personnels phi-

1. Une importante bibliographie se trouve dans *Nostradamus, Nouvelles prophéties – 1995-2025*. Éditions Ramsay, 1995.

losophiques, politiques ou religieux, sans tenir compte de ce que Nostradamus indiquait lui-même dans les deux textes en prose de son recueil de prophéties : la *Préface à son fils César* et la *Lettre à Henry, roy de France second.* Ces deux documents sont d'une importance capitale pour comprendre l'homme et son œuvre. Malheureusement la plupart des écrivains, exégètes ou biographes, n'ont pas pris garde aux avertissements donnés par Nostradamus dans ces deux écrits fondamentaux. Le résultat déplorable est que l'on a de lui une mauvaise image, souvent fausse, parfois imprécise et ne correspondant pratiquement jamais à la réalité. Les qualificatifs les plus couramment utilisés par les médias pour le désigner sont : le mage, l'astrologue, le devin, le prophète.

On lui a inventé de multiples appartenances, toutes plus fantaisistes les unes que les autres. Ceux que ce personnage extraordinaire intéresse ou intrigue trouveront ici, dans la bouche de Nostradamus et dans celle de son fils César, ce qu'il a écrit dans son recueil de prophéties et l'on verra qu'il dément tous les clichés répandus à son propos. Le premier souci de cette biographie a donc été de respecter, à la lettre, ce que Nostradamus a dit de lui-même, sans le déformer ou l'interpréter à notre guise.

D'aucuns ont prétendu que Nostradamus avait affirmé sa foi dans le catholicisme par opportunisme, dans ce XVIe siècle où l'Église omnipotente faisait régner l'Inquisition et où l'on brûlait les « hérétiques » au nom de Jésus-Christ. Dans son adresse à Henri II, il écrit :

> *Plaira à votre plus qu'impériale Majesté me pardonner, protestant devant Dieu et ses Saints, que je ne prétends de mettre rien quelconque par écrit, qui soit contre la vraie foi catholique*[1]...

Ainsi Nostradamus ne craint pas pour sa vie, bien que le seul fait d'écrire des prophéties ait pu être considéré comme hérétique. En effet, dès la parution des quatre premières centuries en 1555, la reine de France, Catherine de Médicis, l'avait fait mander, l'avait reçu à la cour et lui avait donné, d'emblée, sa protection sans jamais, jusqu'à ce qu'il meure en 1566, la désavouer. Elle ira même jusqu'à lui rendre visite à Salon-de-Provence avec son fils, le roi Charles IX, le 17 octobre 1564, clouant ainsi le bec à ses détracteurs salonnais qui venaient de le brûler en effigie. « Nul prophète n'est bien reçu en sa patrie[2] ! »

On oublie aussi trop souvent que Nostra-

1. Lettre à Henry, roy de France second.
2. Évangile de Luc.

damus fut d'abord célèbre comme médecin dès 1544, soit dix ans avant la première publication des quatrains prophétiques. Plusieurs villes, dont Agen, Lyon, Montpellier, Marseille en 1544, Aix-en-Provence en 1546, avaient fait appel à lui pour enrayer les épidémies de peste qui ravageaient alors le royaume. Les chroniques de l'époque nous apprennent ce que préconisait ce médecin de génie : inhumer les cadavres des pestiférés dans la chaux, brûler leurs vêtements et passer les maisons à l'essence de hêtre (l'un des principaux composants de la créosote, puissant antiseptique). Sans doute avait-il compris que certaines maladies étaient transmises par un agent d'un individu à l'autre ? Fort de cette « intuition », il recommandait de pratiquer ce que Pasteur appellera *la méthode aseptique* quatre siècles plus tard[1] ! Enfin Nostradamus conseillait également aux bien portants de mettre des masques. Par esprit drolatique et pour exorciser cette terrible maladie, à laquelle

1. Il faudra attendre 1880 et la « redécouverte » de l'asepsie par Pasteur. Voyant mourir de nombreux blessés légèrement atteints, au moment du siège de Paris, pendant la guerre franco-prussienne de 1870, celui-ci, qui poursuivait son étude des microbes, comprit que la gangrène gazeuse était transmise d'un blessé à l'autre par les médecins et les infirmières. Cette terrible infection les emportait en quelques jours. La découverte de Nostradamus fut donc perdue pendant plus de trois siècles.

étaient attachées tant de superstitions, ces masques représentaient des têtes d'animaux – oiseaux ou autres. Mais surtout, ce genre de mascarade cautionnait le mystère d'une telle méthode et ainsi permettait de cacher cette découverte du mode de transmission des maladies infectieuses. En effet, il était alors enseigné à la faculté de Médecine de Montpellier – la plus avancée de son temps – que la peste, venue de Perse en Europe en 1345, était une punition envoyée par Dieu aux chrétiens pour les amener à se réformer et à rentrer dans le droit chemin. Il ne pouvait donc, sous peine d'être condamné à mort pour hérésie, révéler à ses semblables un tel savoir contradictoire avec l'enseignement officiel.

Quoi qu'il en soit, les prophéties ne viendront que dix ans plus tard. La renommée du médecin aura donc largement anticipé celle du prophète.

Lorsque l'on envisage la vie de Nostradamus, on aimerait en camper un portrait le plus fidèle possible. On a la chance d'en avoir un laissé par le jeune étudiant en médecine venu à Salon-de-Provence se perfectionner auprès du « maître ». Jean-Aimé de Chavigny, ce Bourguignon – il était Beaunois – nous en a laissé une description fort détaillée dans le livre bilingue (français-latin) qu'il publia chez les héritiers de Pierre Roussin à Lyon en 1594[1] :

Il était de stature un peu moindre que la médiocre, de corps robuste, allègre et vigoureux. Il avait le front grand et ouvert, le nez droit et égal, les yeux gris, le regard doux et flamboyant lorsqu'il était en colère, le visage sévère et rieur, de sorte que la sévérité y était accompagnée d'une grande humanité, les joues vermeilles même jusqu'à son dernier âge, la barbe longue et épaisse, la santé bonne et gaillarde, si nous exceptons la vieillesse, et tous les sens aigus et très entiers. Quant à l'esprit, il l'avait

1. JANI GALLICI FACIES PRIOR, historiam bellorum civilium, QUAE PER TOT ANNOS in Gallia grassata sunt, beviter complectens, simul & praeclara alia multa, quae ab anno DOMINI 1534 ad annum 1589 quo cecidit domus Valesia, contigerunt. *EX DECANTISSIMIS ILLIS tetrastichis, quae* MICHAEL NOSTRADAMUS *jam olim gallice in lucem edidit, liber depromptus, & totidem numerus latine redditus atque explicatus per* IO. AMATUM CHAVIGNEUM, SEQUANUM, & *quidem* BELNENSEM, ET REGIAE MAJESTATI DICATUS.

Traduction : PREMIÈRE FACE DU **JANUS FRANÇAIS** contenant L'HISTOIRE DES GUERRES CIVILES, QUI PENDANT TANT D'ANNÉES, ravagèrent la France, brièvement résumées, et aussi bien d'autres événements illustres qui, de l'année du SEIGNEUR 1534 à 1589, arrivèrent à la Maison des Valois jusqu'à sa chute. *EXTRAITS DES PLUS ADMIRABLES quatrains que* MICHEL NOSTRADAMUS *a déjà, depuis longtemps, édités au grand jour, tirés de son livre, et le même nombre expliqué et traduit en latin par* JEAN-AIMÉ DE CHAVIGNY, BOURGUIGNON, *et en outre* de BEAUNE.

ÉGALEMENT DÉDIÉ À LA GRANDEUR DE LA ROYAUTÉ.

vif et bon, comprenant légèrement tout ce qu'il voulait : le jugement subtil, la mémoire heureuse et admirable, de nature taciturne, pensant beaucoup et parlant peu : discourant très bien en temps et lieu : au reste vigilant, prompt et soudain en colère, patient au travail. Son sommeil n'était que de quatre à cinq heures : louant et aimant la liberté de langue, joyeux, facétieux, mordant en riant. Il approuvait les cérémonies de l'Église romaine, et tenait à la foi et à la religion catholique : hors de laquelle il assurait n'être point de salut. Et il reprenait gravement ceux qui, retirés de son sein, se laissaient appâter et abreuver de la douceur et liberté des doctrines étrangères et condamnables : affirmant que leur fin serait mauvaise et pernicieuse. Je ne dois pas oublier de dire qu'il s'exerçait volontiers au jeûne, aux oraisons, aux aumônes et à la patience ; il abhorrait le vice et le châtiait sévèrement, voire, il me souvient que, donnant aux pauvres (envers lesquels il était fort libéral et charitable) il avait d'ordinaire ce mot en bouche, tiré de l'Écriture sainte, « Faites-vous des amis des richesses d'iniquité ».

Nous n'avons aucune raison de mettre en doute la véracité de ce portrait. Jean-Aimé de Chavigny a côtoyé suffisamment longtemps Nostradamus pour en donner cette peinture détaillée, précise et sans complaisance exagérée.

Prologue

Lyon 1614

César Nostradamus, fort alerte pour ses soixante ans, gravissait d'un pas assuré la colline de Fourvière. En ce matin de décembre, il voulait se recueillir dans la nouvelle chapelle que les Lyonnais avaient construite[1]. Puis il se rendrait dans une ruelle entre Saône et Rhône, à l'atelier de typographie de Simon Rigaud – l'un des meilleurs imprimeurs de France ! C'était bien la moindre des choses pour l'œuvre de sa vie.

Lorsqu'il en sortit, il tenait à la main le premier et volumineux exemplaire de son *Histoire et chroniques de Provence*, que Simon Rigaud, en personne, lui avait remis avec fierté. Comme abasourdi par cet ouvrage énorme

1. Ce sanctuaire, édifié en 1586 sur l'emplacement de l'ancien forum de Trajan, en mémoire de saint Pothin, premier évêque de la ville et de sainte Blandine, martyrisés par Marc-Aurèle en 117, avait été construit pour remplacer la chapelle détruite par les Huguenots en 1562.

qu'il comparait à l'opuscule de son père, César relut avec ravissement le titre gravé en lettres capitales, encadré par les blasons d'Aix – capitale de Provence –, Marseille, Avignon et Arles. Et quelle émotion de voir en frontispice son portrait sur un bois gravé...

Songeur, il rangea dans un grand sac de toile ce livre si précieux pour lui et dont il était quelque peu enorgueilli. Il enfourcha son cheval, auquel il avait donné le nom de Phébus, comme celui de son père. Le pas de sa monture résonnait sur les pavés mouillés par le crachin de décembre. Il faisait un froid humide. Le bruit sec et régulier des sabots était amplifié dans cette étroite ruelle.

Le claquement d'une lourde porte le fit sursauter. Et une fois encore le doute l'envahit. La gloire de son père, portée par ce petit livre des prophéties tant de fois réédité, qui lui valait tant de reconnaissance jusqu'après sa mort, était parfois bien lourde à porter.

Le crachin continuait à tomber. Nostradamus, qui aimait parler provençal de temps en temps, aurait dit : *A fa'n blesin*[1].

« Le poids et la taille d'un livre sont-ils des gages de qualité, de valeur ou de durée ? se demandait César. La grande notoriété de mon

1. Il fait une petite pluie (provençal).

père, qui ne s'est jamais démentie depuis ses entrées à la cour de France, favorisera-t-elle la mienne ? Déjà dix éditions depuis 1566, l'année de sa mort ! La dernière que m'a envoyée, il y a trois ans, le typographe de Troyes, Pierre Chevillot, est magnifique. Cependant la gravure, pour être belle, ne donne pas l'image qu'il m'a laissée de lui. Je le trouve trop raide et trop solennel. Son visage est bien différent des deux portraits [1] que j'ai moi-même peints. Et puis, il y a des inexactitudes. On a mis un sablier sur son bureau : je n'ai jamais vu un tel objet sur sa table de travail. On l'a assis sur un fauteuil confortable. Or, il travaillait toujours sur un siège dur et sans appui, seul moyen de se réveiller des somnolences passagères lors de ses longues nuits de veille. Il avait beau ingérer les décoctions dont il avait le secret, elles ne lui suffisaient pas à lutter contre le sommeil.

---

1. César Nostradamus a peint deux portraits sur cuivre de son père. L'un était dans l'église Saint-Laurent à Salon-de-Provence, où les restes de Nostradamus furent transportés après 1789. Il était fixé au mur à côté de l'inscription sur la plaque de marbre marquant la tombe. Il a été volé dans les années 1980 ! Le second se trouve à Aix-en-Provence à la bibliothèque Méjanes. La sépulture de Nostradamus était dans l'église Saint-Michel. Elle fut profanée à la Révolution et les ossements dispersés.

« Aujourd'hui 14 décembre 1614, je reçois le premier exemplaire de mon livre, cent onze ans, jour pour jour, après la naissance de mon père. Serait-ce un signe du destin ? Quand il est mort[1], il avait achevé son œuvre, et il ne l'avait commencée qu'en 1554. À peine dix ans pour délivrer un message si riche. Et moi qui ai mis plus de trente ans à rédiger mon *Histoire et chroniques de Provence...* »

César longeait maintenant la Saône et jetait un œil distrait sur les échoppes des ruelles et sur leurs enseignes en quinconces, l'esprit trop occupé par ses souvenirs.

« Ses prophéties ! il avait bien raison de me dire qu'elles ne concernaient pas ses contemporains ni les miens. Malgré tout ce qu'il m'a appris, malgré tous les détails qu'il m'a donnés peu de temps avant sa mort, je dois avouer aujourd'hui que ses écrits me sont restés hermétiques. »

César se mit à déclamer avec emphase sans se soucier de l'agitation alentour :

> *Depuis qu'il a plu au Dieu immortel que tu ne sois pas né dans cette région* [la Provence] *et je ne veux pas parler des années à venir, mais de tes mois de guerre, pendant lesquels tu ne seras pas*

1. En 1566, date de sa mort, Nostradamus avait 63 ans.

capable dans ton débile entendement de comprendre ce que je serai contraint de t'abandonner après ma mor[1].

« Que voulait-il dire ? Je suis né en Provence et je n'ai jamais participé à aucune guerre ; se peut-il que mon père ait trouvé mon jugement débile ? Sans doute étais-je trop jeune alors. Il m'a témoigné tant d'affection et d'estime. Le seul fait de m'avoir choisi pour raconter sa vie n'était-il pas une marque de confiance et de considération ?

« Comment son œuvre a-t-elle connu autant de succès, alors que personne n'a pu, à ce jour, percer son secret ? Même ce brave Jean-Aimé de Chavigny[2] n'a pas apporté la clé des centuries. La réputation de mon père en tant que médecin avait amené ce carabin de sa Bourgogne natale jusqu'à Salon-de-Provence. Il voulait parfaire sa médecine. C'est à cette occasion qu'il s'est intéressé aux quatrains.

« Il y avait quelques jours qu'il était à la maison. Mon père prend son livre et lui lit le quatrain concernant le Tumulte et la guerre des Guise.

1. *Lettre à César.*
2. Voir p. 14 (note 1).

Guerres, débats, à Blois guerre et tumulte
Divers aguets, adveux inopinables :
Entrer dedans chasteau Trompette, insulte,
Chasteau du Ha qui en seront coupables.

« Ce pauvre Chavigny écarquille les yeux, prend un air embarrassé et avoue tout penaud qu'il n'a rien compris. Mon père lui précise que ce quatrain concerne des événements récents. Chavigny semble réfléchir. Son visage se crispe. Un rictus tord sa bouche, mais il n'en sort aucun mot. Mon père, quelque peu agacé, se décide à lui livrer la clé. “Comment ? Vous n'avez jamais entendu parler de la guerre des Guise, pendant que la Cour était à Blois ? Ce fut la cause, deux ans plus tard, de la guerre de Condé qui tenta avec Duras d'enlever le Château Trompette. Vous faut-il encore plus de précisions ?” Chavigny s'incline et, d'un air toujours aussi ahuri, demande quel est ce château de Ha.

« “Il faut que je vous dise, jeune homme, que j'ai *raboté* un certain nombre de mots. Avec une lettre de différence vous auriez pu trouver la solution. Il s'agit bien sûr du château de Ham dans la Somme, prison d'État, où furent enfermés les conspirateurs.”

« Ah ! ce pauvre Chavigny ! Il était bien gentil ! Aujourd'hui, rien ne vient éclairer les révélations de mon père, qu'il a, comme si cela ne suffisait pas, disposées *in soluta oratione*[1]. »

César se prit à sourire, malgré la grisaille. Le passé lui revenait avec une nostalgie douce et prenante. « Je ne pourrai jamais oublier les longues promenades à cheval, où il me tenait à califourchon devant lui, ses bras me servant de garde-corps, pour m'empêcher de tomber. Chemin faisant, il me racontait sa vie. Un jour, le plus important de ma vie, il me fit pénétrer dans ce petit réduit perché sous les toits de la maison. Il s'y retirait toutes les nuits pour travailler et recevoir ses visions nocturnes. Personne, y compris ma mère, n'était autorisé à y entrer. Évidemment, mes frères et sœurs et moi-même en étions d'autant plus intrigués : que pouvait-il bien y faire, ainsi, toute la nuit ?

« Une nuit, j'avais la fièvre et très mal à la gorge ; je n'arrivais pas à m'endormir. J'entendais, étrangement amplifiés par la cage d'escalier, les gémissements de mon père. Il ne semblait pas souffrir. Peut-être était-il en train de faire un rêve éveillé ? Ou était-il dans un de ces états de vision[2] ? Une phrase étrange me revient à l'esprit :

Étant parfois surpris dans la semaine comme délirant, par un long calcul qui donnait aux études

1. Dans un discours sans ordre. Cf. *Lettre à César.*
2. Voir la préface de la *Lettre à César.*

nocturnes une odeur agréable, j'ai composé des livres de prophéties que j'ai voulu un peu raboter obscurément[1].

« Une curieuse odeur, impossible à reconnaître mais délicieuse, se diffusait. Il se préparait quelque potion, décoction ou tisane avec des plantes ou des champignons. Il les connaissait si bien ! Selon son expression, il était en proie à une *agitation comitiale hiraclienne*[2]. Il n'a jamais voulu me dire à quoi il mélangeait cette épervière qu'il consommait et qui le mettait dans un état de transes. Ainsi il accédait aux temps et aux lieux.

« On ne pouvait pas être plus solitaire que mon père, ni plus mystérieux ; son mystère tenait d'ailleurs de sa solitude. Peu de temps avant sa mort, et la pressentant sans doute, il me choisit donc pour être le premier à découvrir les coulisses de sa science, tout en haut de la maison.

1. *Lettre à César.*

2. *Lettre à César.* La maladie comitiale est l'épilepsie. Le mot hiraclienne est une francisation du mot grec ιερακιον qui signifie épervière. Cette plante est appelée épervière parce que les Anciens supposaient que l'épervier s'éclaircissait la vue avec la tige de ces plantes herbacées et vivaces ; il en existe de nombreuses espèces comme la piloselle (hieracium pilosella), nommée vulgairement oreille de souris. La mastication de sa racine provoque la salivation et apaise la soif. Or, l'un des symptômes de la crise d'épilepsie est une abondante salivation...

« Les livres entassés sur sa table. Beaucoup étaient manuscrits et semblaient très vieux. La curieuse lampe à huile en bronze diffusant une lumière blafarde. Une petite flamme sortait d'un flambeau tenu par une femme assise sur un trépied. Était-elle différente de celle dont il est question dans son premier quatrain ? Figurait-elle aussi cette petite langue de feu sur la tête des apôtres leur insufflant l'Esprit de prophétie ? »

César se mit à réciter à haute voix le quatrain au rythme des pas de son cheval Phébus :

« *Assis de nuit, secret étude,*
Seul reposé sur la selle d'airain :
Flamme exiguë sortant de solitude,
Fait prospérer qui n'est à croire vain. »

« Le feu l'a toujours fasciné. J'avais été choqué d'apprendre qu'il brûlait des livres ; il les sacrifiait à Vulcain, disait-il. Il prétendait même que, *pendant que le feu les dévorait, la flamme léchant l'air rendait une clarté insolite, plus claire qu'une simple flamme, comme la lumière d'un feu provenant d'un cataclysme fulgurant, illuminant soudain la maison, comme si elle eût été subitement embrasée*[1]. Que voulait-il dire par là ? Était-ce

1. *Lettre à César.*

une métaphore excessive sans signification particulière ou ces livres contenaient-ils l'annonce d'une grande catastrophe ? Renfermaient-ils des commentaires de l'Apocalypse de Jean ? Il faisait souvent des rapprochements entre ce texte sacré et ses propres visions. Voyait-il dans les flammes la grande conflagration qu'il m'avait annoncée pour 1999 ?

« La paix universelle lui tenait tant à cœur. Mais il était désespéré par les folies des hommes, présentes et surtout à venir ! Parfois même ses propres écrits le terrifiaient, parce qu'il savait que les grands de ce monde n'en tiendraient aucun compte. N'avait-il pas prévenu Catherine de Médicis des massacres qu'elle allait connaître sous son règne ? Le carnage s'est cependant déroulé tel qu'il l'avait écrit dans son sixain !

« Hélas ! il a emporté dans la tombe les réponses à tant de questions. J'ai été incapable d'être son héritier spirituel.

« Beaucoup d'éléments me restent encore obscurs. Combien de fois l'ai-je entendu dire : *le fait présent jusqu'à la totale éternité embrasse la globalité du temps.* Mais sa conception du temps est complexe et, je l'avoue, je n'ai toujours pas démêlé celle concernant “les trois temps compris dans le temps”. Que dire alors des autres ? Comment pouvaient-ils entendre la parole de mon père ?

« Ses interlocuteurs lui témoignaient soit de l'ironie, soit une mansuétude condescendante, ou alors le contredisaient. Certains le mettaient en garde contre des idées considérées comme hérétiques. Il avait de nombreux détracteurs. Et surtout, nos concitoyens salonnais l'ont bien mal traité.

« Quand je pense qu'ils sont allés jusqu'à fabriquer un pantin à son effigie ! Après l'avoir enduit de poix, ils l'ont brûlé devant l'église Saint-Michel. Les cris hystériques de la foule résonnent encore à mes oreilles : sorcier ! magicien ! hérétique ! escroc ! Certains l'insultaient en provençal : chismati [1] ! fadaras [2] ! baratiero [3] ! escourtegaire [4] ! jitaire de sort [5] ! Et combien d'autres affronts, d'outrages, d'injures et de grossièretés que j'ai oubliés ! »

César allait franchir la Saône pour rentrer à Salon lorsqu'il avisa une taverne à l'enseigne de Plancus [6].

---

1. Schismatique (provençal).
2. Grand fou (provençal).
3. Fraudeur (provençal).
4. Écorcheur (provençal).
5. Ensorceleur (provençal).
6. Munatius Plancus, orateur et général romain, lieutenant de César en Gaule, restaura Lyon en 43 et en fit un centre administratif et politique.

« Un grand bol de lait bien chaud me réchaufferait avant de prendre la route de ma ville natale et d'affronter les querelles et les complots de mes concitoyens. »

Il attacha la bride de son cheval à un anneau fixé sur la façade, prit le sac dans lequel il avait placé son livre et entra. Il s'assit à une table et commanda du lait chaud et du pain. Il sortit de son sac son *Histoire et chroniques de Provence*, la posa sur la table et l'ouvrit.

« Voyons si ce que j'ai écrit sur le comportement stupide des habitants de Salon-de-Provence, lorsque Charles IX et Catherine de Médicis vinrent visiter mon père, a été correctement imprimé. »

César feuilleta son livre, trouva le passage en question et lut en marmonnant avec plaisir :

> *Nostradamus, par une aise extraordinaire qu'il sentit à cet instant de se voir tant humainement accueilli d'un tel et si grand monarque, duquel il était né sujet, et comme indigne contre sa propre terre* [Salon] *ces mêmes paroles : ô ingrata patria, veluti Abdera Democrito. Comme s'il eût voulu dire : ô terre ingrate à qui je donne quelque nom, vois l'état que mon roi daigne encore faire de moi ! ce qu'il disait, sans doute, assez ouvertement en ce peu de mots, contre le rude et incivil traitement que certains séditieux mutins, gens de sac et de corde,*

bouchers sanguinaires, et vilains cabans[1] *avaient fait de lui, qui donnait tant de gloire à son pays.*

« Tout comme Démocrite, père de la philosophie, molesté par les Abdéritains.

Pourquoi ai-je donc accepté la charge de Premier Consul dans cette petite ville à l'esprit mesquin, envieux et calomniateur ! »

L'aubergiste lui apporta un pichet, du pain et du beurre. César se restaura de bon cœur, fatigué par son voyage et sa marche récente. Bientôt il sentit un engourdissement, une somnolence contre laquelle il ne pouvait lutter. Il s'enfonça doucement dans une profonde rêverie.

Enfant, il était à Salon. Son père le prenait par la main, lui faisait gravir les marches de pierre qui conduisait à son cabinet de travail...

1. Sobriquet que l'on donnait aux paysans de Provence au XVIe siècle.

Chapitre I

L'aube

Le vent d'est soufflait violemment. Le ciel lourdement chargé annonçait les trombes d'eau de novembre. Les cyprès, comme des vieilles femmes, courbaient la tête. On n'avait pas envie de mettre le nez dehors. Dans la maison de Michel de Notredame [1], le feu de quelques cheminées revigorait l'agitation domestique.

Après avoir connu, au fil de ses nombreux voyages, tant d'auberges et d'accueils provisoires, cette demeure, bien que modeste, était enfin la sienne. Appareillée en pierres de taille, elle ouvrait dans une ruelle du quartier Ferreiroux. La toiture, peu inclinée, reposait sur une corniche dont le larmier était soutenu par une théorie de corbeaux aux faces latérales évidées en quart de cercle. Chacun des trois

1. Nostradamus acheta cette maison juste après son mariage avec Anne Ponsard-Gemelle.

étages étaient éclairés par trois fenêtres à estanfiques[1] et meneaux horizontaux, garnis de petites vitres losangiques enchassées dans de fines baguettes de plomb. Au rez-de-chaussée, on pénétrait par une anse de panier ouvragée en boudin, dans une pièce carrée d'un peu plus de deux toises de côté[2]. Les malades y attendaient leur « bon apothicaire ».

À droite de cette large ouverture, un passage en arc surbaissé conduisait dans une cour intérieure qui distribuait l'escalier à vis et le cabinet de consultations. Là, le docteur Nostradamus avait aménagé un réduit, où, à côté d'une petite cheminée de pierre, une planche posée contre le mur sur des supports en fer forgé était encombrée de cornues et de récipients de toutes sortes qu'il utilisait pour ses préparations magistrales. Pour cacher ce petit recoin à la vue des patients, on avait d'abord disposé une grande toile de lin ; jusqu'à ce que Catherine de Médicis, en 1560, lui offre une magnifique tapisserie de Florence[3].

L'étroite courette dallée de pierres n'était ensoleillée qu'en été, au zénith. Le colimaçon,

1. Jusqu'à la fin du XVIe siècle, on faisait la différence entre les estanfiques ou membrures verticales et les meneaux horizontaux.

2. 1 toise = 1,944 mètres.

3. La manufacture de Florence avait été créée par l'arrière-grand-père de la reine : Côme de Médicis, grand-duc de Côme.

éclairé par trois fenêtres, aboutissait à trois pièces donnant sur la ruelle et à trois autres sur la cour intérieure. Au premier étage se trouvaient la cuisine et la salle à manger ; les deux autres étages étaient réservés aux chambres.

Sous le toit, isolé du reste de l'immeuble, le cabinet de travail ne mesurait qu'une toise et demie mais sa position élevée et son ouverture au sud en faisaient la pièce la plus lumineuse de la maison. Une table en chêne, placée contre le mur ouest, recevait une lumière oblique. Un trépied de bois servait de siège, ce fameux tabouret à trois pieds pour lequel César avait manifesté son étonnement la première fois qu'il pénétra dans ce lieu retiré : dans son premier quatrain, Nostradamus parlait d'un siège de bronze, alors que celui-ci était en bois. « *Un symbole, mon fils ! un symbole et une référence à l'histoire ancienne,* avait obscurément répondu son père. Notre Église reconnaît depuis longtemps le don de porphétie des sibylles qui s'asseyaient sur un trépied de bronze pour voir l'avenir ; la pythie de Delphes, lors de ses visions, était en proie à des convulsions – comme moi ! »

Dans un de ses voyages en Italie, Nostradamus avait visité la chapelle Sixtine et avait été frappé par la fresque de Michel-Ange qui faisait participer sept prophètes et les cinq figures de sibylles au Jugement dernier[1].

À côté de la table, il se reposait parfois un instant sur un banc à dossier ou y compulsait ses livres et manuscrits. Ou alors il y attendait que vienne son agitation comitiale hiraclienne[2]. Dans cette retraite, entièrement réservée à ses recherches et à la rédaction de ses écrits, il travailla, s'isolant la nuit, à son *Traité des confitures et des fardements,* à ses almanachs et à ses quatrains et sixains prophétiques. Meubles inconfortables, livres, lampe en bronze donnaient au lieu un aspect monacal. Pour observer et calculer le mouvement des planètes et des constellations, il se rendait sur une petite terrasse en bois surplombant la courette, son astrolabe[3] en main. Un précieux cadeau qui lui venait de son arrière-grand-père maternel, Jean de Saint-Rémy[4], pour ses dix ans...

Frères et sœurs de César s'égayaient au premier étage : Madeleine avait quinze ans, Charles huit, André neuf, Anne six, Diane trois, et lui-même en avait douze. Nostra-

1. La *Persique,* la *Delphique, l'Érythrée, la Sibylle de Cumes* et la *Libyque.*

2. Voir note 2, p. 26.

3. Instrument servant à observer l'instant où une étoile atteint une hauteur déterminée.

4. Jean de Saint-Rémy était médecin ordinaire du roi René.

damus et son fils aîné gravirent lentement les marches de l'escalier à vis. Notre médecin était gêné dans sa marche par un tophus du gros orteil dont la goutte l'avait affligé.

Loin du brouhaha, ils s'assirent dans la petite pièce et Nostradamus prit affectueusement César sur ses genoux. Le gamin restait stupéfait de se retrouver dans ce lieu mystérieux pour toute la maisonnée. Son père gardait toujours la clé sur lui. Sa femme et ses enfants ne posaient jamais de question sur ce cabinet de travail où il s'enfermait à double tour ; le bruit de la clé de la grosse serrure résonnait dans la cage d'escalier jusqu'au rez-de-chaussée.

– Mon fils, tu t'étonnes de te trouver ici. Mais j'ai pris la décision de te parler. Lorsque j'ai commencé à rédiger mes prophéties, il y a maintenant neuf ans, je n'avais que toi comme garçon. Tu es mon fils aîné et j'ai alors écrit en pensant à toi. Si je passe beaucoup de temps, chaque jour, à t'apprendre le latin, le grec, l'histoire, l'astronomie, c'est parce que ces connaissances te serviront plus tard. Et puis je n'avais pas envie de raconter ma vie à une fille.

« Aujourd'hui, je sais que ma fin n'est pas très éloignée. C'est pourquoi j'ai décidé de te raconter ma vie, afin que tu puisses témoigner après ma mort de ce que j'ai vécu, de notre famille, car je sais que tu écriras un grand livre[1] auquel on se référera souvent plus tard pour connaître ma vie.

– Comment peux-tu savoir que tu vas bientôt mourir ?

Conscient de la gravité de ce qu'il venait de dire, Nostradamus hésita un instant. Devait-il livrer à un enfant une telle connaissance ? Quelles précautions devait-il prendre pour la lui donner ? Son fils n'allait-il pas être durement blessé dans son amour filial ? Allait-il ensuite le dire à ses frères et sœurs ? – ce qu'il ne fallait à aucun prix.

Un véritable cas de conscience se posait à lui ; mais il sentait qu'il devait lui léguer sa mémoire. Il avait déjà jugé que ce fils était bien plus mûr que la plupart des enfants de son âge. Et puis, se disait-il, voilà plusieurs années qu'il avait pris en main son éducation et qu'il l'avait, en quelque sorte, formé et préparé à assumer la vie et la mort. Ne lui avait-il pas appris que ces deux états de l'homme ne faisaient qu'un et ne constituaient que deux étapes d'une même course ! Mais, peut-être, malgré tout, faisait-il fausse route. Le

1. Il s'agit d'*Histoire et chroniques de Provence,* imprimé en 1614 (voir p. 19).

visage de César s'assombrissait. Nostradamus comprit qu'il fallait maintenant apaiser son angoisse.

– Je suis médecin, mon fils, ne l'oublie pas, et certaines grâces m'ont été accordées en même temps que le message prophétique que j'ai été conduit à délivrer au monde, *pour le plus grand bien des humains.*

César se mit à pleurer.

– Ne pleure pas, mon cher fils. L'heure n'est pas encore venue et notre foi nous apprend que la mort n'est qu'un passage dans le temps, tandis que nous quittons l'espace terrestre. Mais ne parlons pas de la mort. C'est l'histoire de ceux qui nous ont précédés que je veux te raconter. Installe-toi bien, sèche tes larmes et ouvre grand tes oreilles. Voilà ! Je n'ai de renseignements que sur mes parents et mes grands-parents. Au-delà, je ne sais plus rien. D'où venaient nos ancêtres juifs ? qui étaient-ils ? que faisaient-ils ? Nul ne le sait. Ils pouvaient venir de n'importe quel pays d'Europe, tant les persécutions contre les Juifs sévissaient partout.

César se cala plus confortablement sur les genoux de son père. Autour des épaules de l'enfant, le bras de son père lui offrait un appui.

– Ton arrière-grand-père s'appelait Guy

Gassonnet. Il était marchand de céréales et prêtait de l'argent. Il était de confession israélite. Après qu'il se fut converti au catholicisme, aux environs de l'année 1460, il prit comme nom de baptême chrétien le nom du quartier qu'il habitait à Avignon, Notre-Dame-la-Principale, et changea son prénom de Guy pour Pierre, le premier apôtre. Sa femme, Benastrugue, refusa de se convertir au catholicisme. Comme la loi juive l'y autorisait, il la répudia.

– Pourquoi a-t-il changé de religion ?

– C'était pour lui le seul moyen d'accéder à des charges ou des fonctions qui étaient interdites aux Juifs dans le royaume.

– Était-ce par intérêt ou par conviction ?

– Lui seul aurait pu nous le dire. Au siècle dernier, le catholicisme eut un immense rayonnement en Provence. Et en 1460, la cité d'Avignon était encore auréolée de sa qualité de ville pontificale, même si le 17 janvier 1377, le pape Grégoire IX, originaire de Corrèze, décida de ramener le siège de la papauté à Rome. En fait, Avignon demeura la ville des papes jusqu'en 1417. Ce qui explique le nombre important de conversions à cette époque, et tout particulièrement chez les Juifs, qui étaient alors protégés par le pape lui-même.

« De 1309, moment où Clément V[1] choisit d'installer le siège de la papauté en Avignon, jusqu'à cette date, les Italiens considérèrent que la capitale de la chrétienté leur avait été volée et appelèrent cette période longue de soixante-douze ans « la captivité de Babylone ».

– Ah ! C'est une allusion à la captivité du peuple juif pendant soixante-dix ans dans cette ville de Mésopotamie ?

À cette réflexion judicieuse de son fils, Nostradamus constata que son enseignement commençait à porter ses fruits. Parfois même, il trouvait cet enfant un peu trop studieux. Il lui vint alors l'idée de lui raconter une anecdote amusante pour le détendre et le distraire.

– Cette captivité, si l'on en croit les Italiens, de la papauté fut donc regardée comme une malédiction. Écoute ! Je vais te raconter quelque chose de fort curieux advenu lors du couronnement de Clément V à Lyon. Philippe le Bel et son frère Charles de Valois s'étaient spécialement déplacés pour cette occasion, non sans arrière-pensée. En effet, Philippe le Bel espérait bien obtenir du pape la condamnation des Templiers, ce mouve-

1. En 1305, le conclave des cardinaux élut pape un Français, d'une famille noble de Gascogne, sous le nom de Clément V. Six de ses successeurs furent des Français.

ment de chevalerie dont je t'ai dépeint l'histoire tourmentée, il y a quelques jours. Le couronnement terminé en l'église Saint-Just, un cortège se forma et parcourut les rues de la ville. Celles-ci grouillaient de monde, fenêtres et balcons étaient encombrés de curieux. Le cortège venait d'arriver rue Gourguillon lorsqu'un balcon surchargé s'effondra dans un fracas infernal et causa plusieurs morts. Parmi les morts illustres, il y eut Jean III, duc de Bourgogne, mais surtout Gaillard de Got, frère du pape.

– Incroyable ! s'écria César.

– Mais ce n'est pas tout. Figure-toi que, dans la panique qui s'ensuivit, Clément V perdit sa tiare. Une pierre de grande valeur se détacha de l'un des diadèmes et ne fut pas retrouvée, ayant probablement fait l'affaire d'un de ces mal-ivèrni[1], comme on dit chez nous, qui savent toujours tirer profit des catastrophes.

– *Les secrets de Dieu sont incompréhensibles*[2] : mais les partisans des Templiers et beaucoup d'Italiens y virent de funestes présages. D'ailleurs, j'ai ici les œuvres de Pétrarque que j'ai ramenées d'un séjour en Italie. Je vais te lire

1. Mauvais sujet, vaurien (provençal).
2. *Lettre à César.*

comment ce grand poète décrit la cour des Papes en Avignon.

Nostradamus se dirigea vers une table où s'entassaient de vieux livres. Il prit un ouvrage dissimulé dans une grosse pile et le feuilleta jusqu'à la page où il avait placé un petit morceau de papier.

– Pétrarque reprochait aux papes français d'avoir « échangé la splendide reine du monde contre une hideuse ville de la Gaule ». Écoute ce qu'il en dit, non sans quelque exagération :

On trouve ici tout ce qu'on peut imaginer de confusion, de ténèbres et d'horreur ; c'est ici la demeure des larves et des lémures, la sentine de tous les vices et de toutes les scélératesses. Je sais par ma propre expérience qu'il n'y a ici ni pitié, ni charité, ni aucune foi, rien de saint, rien de juste, rien d'humain. L'amitié, la pudeur, la décence y sont inconnues ; tout est plein de mensonges, l'air, la terre, les maisons, les places publiques, les temples, les tribunaux, le palais pontifical. L'espoir d'une vie future est considéré comme une illusion vaine, et Jésus-Christ est mis au rang des inventions puériles. Je passe sous silence la simonie, l'avarice, l'insolence, la cruauté.

« Bref, quoi qu'il en soit, les papes en Avignon protégèrent les Juifs. Mais, dès que la papauté revint à Rome, les persécutions commencèrent. Les papes Alexandre VI, Léon X et Paul III firent preuve d'un esprit assez libéral, – mais Jules III et surtout Paul IV Carafa[1] prirent des mesures infamantes contre eux.

« Par une bulle du 14 juillet 1555, ce pape ordonna que les Juifs de Rome et des autres villes de l'État soient séparés des chrétiens, dans un quartier ou une rue qui n'aurait qu'une entrée et une sortie. On décréta qu'il n'y aurait pas plus d'une synagogue dans chaque ville ; que les Juifs ne pourraient plus acquérir aucun immeuble et devraient vendre aux chrétiens, dans un délai prescrit, ceux qui se trouvaient en leur possession. Pire ! comme signe distinctif, les Juifs furent astreints à porter des coiffures jaunes. Il leur fut interdit d'employer des domestiques chrétiens, de travailler publiquement les jours de fêtes chrétiennes, d'être en relation étroite avec les chrétiens, de rédiger de faux contrats, de se servir d'un autre calendrier ou d'une autre langue que l'italien ou le latin dans leurs livres d'affaires. Enfin, ils ne devaient plus s'occuper de blé, ni en général de tout ce qui concernait les choses de la vie humaine, ni exercer la médecine parmi les chrétiens, ni avoir des chrétiens sous leurs ordres, de quelque

1. Alexandre VI (1492-1503), Léon X (1513-1521), Paul III (1534-1549), Jules III (1550-1555), Paul IV (1555-1559).

manière que ce soit. Enfin, ils étaient tenus d'observer tous les règlements de la commune où ils habitaient.

« Ces mesures furent immédiatement mises à exécution. Fin juillet, on les vit pour la première fois avec leurs bonnets jaunes, même à Venise. Ils avaient offert, sans succès, mille écus à Paul IV pour qu'il retire sa bulle. Dès l'automne, on leur assigna à Rome un quartier entouré de murs. Celui-ci s'étendait au bas du Tibre, du théâtre Marcellus et du Ponte Quattro Capi jusqu'à la colline du palais des Cenci, dans l'espace compris entre le Tibre et les ruines du portique d'Octavie.

« À Bologne, le ghetto reçut le nom d'Enfer. À Ancône, les « Marani » portugais furent bannis ou condamnés à mort, la peine capitale étant commuée en peine des galères.

– La publication de tes quatre premières centuries l'année même de cette bulle est-elle une coïncidence ?

– Non ! J'aurais dû attendre d'avoir écrit les six centuries suivantes, mais j'ai choisi cette année de persécution contre le peuple de nos ancêtres, parce que le Divin m'a montré que les Juifs seraient pourchassés encore longtemps et martyrisés peu de temps avant l'âge d'or. Il y aura un événement tragique, un

« holocauste[1] ». Ils n'ont donc pas fini de payer la mise à mort de Jésus-Christ.

– Donc, quand ton grand-père s'est converti, les Juifs n'étaient pas encore persécutés. C'était donc par conviction.

– Sans doute, mais il y a peut-être une raison moins honorable. Mon père m'a raconté que ton arrière-grand-père était malheureux avec sa première femme Benastrugue. Il aurait donc profité de la loi juive pour s'en débarrasser. Il n'empêche que sa foi chrétienne fut authentique et profonde vers la fin de sa vie, sans doute sous l'influence de sa deuxième femme, ton arrière-grand-mère qui se nommait Blanche de Sainte-Marie. Belle rencontre pour quelqu'un qui, peu de temps avant, avait pris le nom de Notre-Dame ! Ils eurent quatre enfants : Pierre, François, Marguerite et mon père Jaume. Son mari mourut et elle assura seule l'éducation de ses enfants.

– Tu as donc eu deux oncles et une tante ?

– Je n'ai connu ni mon grand-père, ni François qui est mort jeune, ni Pierre qui était marchand à Arles. Quant à ma tante, elle épousa, devant notre Sainte Mère l'Église, un teinturier d'Avignon qui s'appelait Pierre

1. On trouve le terme « holocauste » dans la *Lettre à Henri*.

Joannis. Je les ai rencontrés deux ou trois fois, lors de voyages à Avignon avec mon père.

– Tu m'as dit que ton père avait été marchand à Avignon avant d'être notaire à Saint-Rémy-de-Provence. Passer de marchand à notaire, voilà qui est curieux !

– Il fit un brillant mariage. Il épousa en 1495 Reynière de Saint-Rémy dont le père René était mort. Le grand-père Jean de Saint-Rémy gâta beaucoup sa petite-fille. Il dota le jeune ménage d'un véritable patrimoine. Juges-en : une maison meublée à Saint-Rémy, rue du Viguier, un mas provençal avec des terres dans le quartier Garanton, plusieurs lopins de terre dont des vignes. Et enfin un pécule de plusieurs florins. C'est ainsi que mon père vint s'installer dans la ville de ma mère.

– Je ne sais toujours pas comment il est devenu notaire.

– Ne sois pas si impatient. Tiens, regarde : le temps est devenu plus clément. Je voudrais qu'ensemble nous allions sur les traces de mon père, à Saint-Rémy-de-Provence, ainsi tu auras une réponse à ta question.

Installé sur son cheval, le père prit son fils à califourchon devant lui. Ils s'engagèrent sur la route de Saint-Rémy. Nostradamus claqua l'encolure du cheval.

– Allez Phébus ! avance.

– Pourquoi tu l'as appelé comme ça ? demanda César.

– Pour deux raisons. Je t'ai appris que Phébus, dans la mythologie grecque, est le surnom d'Apollon, dieu du Soleil et de la Lumière, symbole de vie. La deuxième raison, c'est par dérision : un empereur qui régnera en France dans quelques siècles et finira sa vie lamentablement appellera lui aussi son cheval Phébus [1].

Chemin faisant, Nostradamus reprit son récit.

– Ainsi les gens nous croient nobles. Tu dois savoir que c'est mon père Jaume qui s'est lui-même ennobli, en occupant une fonction normalement réservée aux nobles. Comme son origine juive était encore récente et qu'il tenait beaucoup à son engagement dans le catholicisme, il estima qu'il serait fort séant d'ajouter à cette condition non seulement la noblesse, mais aussi d'illustres origines. Il en inventa donc.

César trouva cette idée excellente.

– Pourquoi pas ? Si cela nous vaut quelque considération.

Agacé par cette remarque, Nostradamus éperonna Phébus qui accéléra brusquement.

1. Phébus était le nom du cheval de Napoléon III.

Il tira sur le mors pour freiner et reprendre une allure plus tranquille. Puis sur un ton courroucé :

– Je crains que, malgré ce que je te raconte aujourd'hui, tu ne sois tenté toi aussi par ces vanités. Mais sache qu'elles n'ont de valeur que si l'on possède d'abord des qualités de cœur[1].

– Pourtant, tu as bien été reçu à la cour, et Charles IX et sa mère viennent de te rendre visite.

– N'oublie jamais que si Catherine de Médicis et Henri II d'abord, puis Charles IX récemment, se sont intéressés à moi, c'est essentiellement en qualité de médecin. Et ce depuis que j'ai contribué à enrayer la peste de 1544.

– Ainsi, nous n'avons aucune ascendance illustre dans le royaume de France ?

– Au risque de te décevoir, non ! Nos ancêtres étaient des marchands juifs, ce dont mon père eut honte et ce qui l'amena, comme je te l'ai dit à se trouver quelques racines dans des grandes familles provençales. Néanmoins,

1. César, parlant de son père, écrira dans son *Histoire et chroniques de Provence* : « *Et pour ce qu'il avait choisi pour sa devise une roue brisée, d'argent, en un champ de gueule, avec le mot* **soli deo,** *ceux qui sont issus de lui, tant à Saint-Rémy qu'à Salon, ont continué la même enseigne, de père en fils, jusqu'ici.* » **Soli deo** peut se traduire par « à Dieu seul » ou « au seul Dieu ».

il était catholique et donc citoyen à part entière.

Au détour de la route arrivait un attelage à vive allure, dans un poudroiement dont seule émergeait la tête du cheval. L'animal s'était emballé. Nostradamus comprit le danger et se mit à l'abri dans une oliveraie.

– Ventre-saint-gris ! ce toumbarelas[1] nous aurait bien renversés.

Nostradamus et son fils attendirent que le nuage de poussière se soit dissipé et reprirent leur chemin vers Saint-Rémy.

– Notre ascendance catholique depuis la conversion de ton grand-père a ainsi fait de nous des renégats aux yeux de la communauté juive de Salon-de-Provence.

« Mon père et mon grand-père ne m'ont rien transmis de la religion et des mœurs de nos ancêtres. J'ai acquis seul mes quelques rudiments d'hébreu. En revanche, mon père me parlait en provençal pour parachever notre intégration. Cette connaissance m'est d'ailleurs indispensable pour soigner les malades qui ne parlent que cette langue. Notre famille a donc été considérée comme noble et chrétienne par tous, sauf par Louis XII qui n'avait pas oublié nos origines. Et par lettres patentes

1. Gros tombereau, vilain tombereau (provençal).

signées à Blois en 1512, il fit prélever un impôt sur tous les chrétiens d'origine juive récemment convertis. C'est ainsi que mon père et son frère Pierre durent acquitter respectivement vingt-cinq et trente livres. C'est sans doute une des raisons pour lesquelles ton grand-père s'ennoblit sept ans plus tard en 1519. Il en avait assez de payer !

– Mais toi, te considères-tu comme vraiment catholique ?

– Oui ; et je l'ai proclamé ainsi : *Plaise à votre plus qu'impériale majesté de me pardonner, protestant devant Dieu et ses Saints, que j'affirme ne rien avoir écrit dans la présente lettre qui soit contraire à la vraie foi catholique*[1]. Et je sais que plus tard, dans bien longtemps, on prétendra que je me suis ainsi exprimé pour me protéger de l'Inquisition.

César réfléchit un moment, et questionna à nouveau :

– Mais pourquoi une telle fidélité à une Église qui a provoqué la Réforme, le protestantisme et les guerres de Religion qui ravagent le pays ?

– Elle est la colonne vertébrale du christianisme, c'est-à-dire qu'elle est et restera jusqu'à la fin la seule continuité historique de l'ère

1. *Lettre à Henry, roy de France second,* 27 juin 1558.

chrétienne dont nous avons déjà vécu les trois quarts.

– Mais comment peux-tu savoir des choses pareilles ?

– Encore un peu de patience.

– Mais au fait, quand mon grand-père est-il mort ?

– En janvier 1547 ; j'avais alors quarante-quatre ans. Cette année-là, François Ier mourut après avoir donné à mon père et à son frère des lettres de naturalisation. Ils devinrent, ainsi que leurs descendants, des citoyens français.

Le clocher de l'église apparut au détour du chemin. Nostradamus pressa l'allure de Phébus. Il pénétra dans la ville avec César, par l'une des portes ouvertes dans les remparts et se dirigea vers la rue des Barri[1]. Il s'arrêta devant sa maison natale. Il descendit de cheval, prit son fils sous les aisselles et le mit à terre. Campés devant la façade en pierre, ils contemplèrent celle-ci durant un long moment.

Cette belle demeure bourgeoise était de conception originale. Elle ouvrait sur la rue par une baie divisée en trois et surmontée d'un arc en anse de panier reposant, de

1. Rempart, muraille, fortification (provençal).

chaque côté, sur des chapiteaux doriques au-dessus de pilastres cannelés. A l'étage, une grande fenêtre à seize petits compartiments vitrés éclairait la salle à manger. Le deuxième et le troisième étages présentaient deux fenêtres décalées les unes par rapport aux autres. Sous la toiture courait un larmier décoré par une frise de triglyphes [1] et de métopes [2] alternés. L'angle ouest était surélevé d'une tour carrée, flanquée d'une échauguette en encorbellement, dont la base était décorée de frises d'oves fleuronnés. Les deux œils-de-bœuf placés au même niveau sur la tour et sur l'échauguette symbolisaient un regard tourné vers l'avenir...

Nostradamus pointa le doigt sur une fenêtre du deuxième étage.

– C'est dans cette pièce que je suis né.

– Et la maison que ton arrière-grand-père Jean de Saint-Rémy avait donnée à tes parents ?

Nostradamus prit d'une main la bride du cheval et de l'autre la main de César. Ils se rendirent rue du Viguier, Nostradamus claudiquant à cause de sa goutte. Nostradamus s'arrêta devant une belle bâtisse construite au siècle précédent, d'un modèle beaucoup plus

1. Ornement de la frise qui porte trois rainures verticales.
2. Intervalle carré entre les triglyphes.

classique. Les fenêtres à meneaux étaient disposées sysmétriquement d'un étage à l'autre. À gauche, une tour en saillie abritait un escalier à vis. À droite, une grande ouverture rectangulaire desservait une vaste pièce.

– Cette maison est encore plus belle que celle où tu es né, mais elle est plus simple, nota César.

– C'est vrai, Jean de Saint-Rémy était très fortuné mais aussi très cultivé. Je lui dois de m'avoir appris bien des choses dans de nombreux domaines, et surtout de m'avoir transmis le goût de l'étude personnelle. Sans cela, je n'aurais jamais pu rédiger mes quatrains prophétiques.

– Pourquoi ne m'en parles-tu pas tout de suite ?

– Il faut que tu connaisses tout de ma formation, des écoles que j'ai fréquentées et des expériences que j'ai acquises ; je ne te parlerai de cela que dans mon cabinet de travail où il me reste encore quelques livres à brûler.

– Comment ? Tu as brûlé des livres ?

– Oui. *J'ai craint que plusieurs livres cachés pendant de longs siècles soient connus, et, redoutant ce qui pourrait en advenir, j'en ai fait présent à Vulcain ; et, pendant que le feu les dévorait, la flamme léchant l'air rendait une clarté insolite, comme la lumière d'un feu provenant d'un cataclysme fulgurant, illuminant soudain la maison, comme si elle eût été subitement embrasée.* (...) *J'ai passé un long temps dans de continuelles veilles nocturnes pour te laisser mon mémoire que tu auras après ma mort pour le commun profit des hommes. Et cependant, il ne m'est pas possible de te laisser par écrit ce qui serait détruit par l'injustice de notre époque*[1].

– Je ne comprends pas très bien. D'un côté, tu me dis que tu m'as laissé un mémoire et de l'autre que ça n'était pas possible !

– La contradiction n'est qu'apparente. Dans ce mémoire, il y a des choses que je n'ai pas pu écrire parce que mes visions m'ont appris que *les gouvernements, les sectes et les pays subiront des changements si opposés voire diamétralement opposés à ceux d'aujourd'hui que, si je rapportais en clair l'avenir, les hommes de gouvernements, de sectes et de religions le trouveraient si mal accordé à leurs oreilles fantaisistes qu'ils ne manqueraient pas de condamner ce que l'on verra et reconnaîtra dans les siècles à venir*[2].

– Tu as donc vu beaucoup plus de choses que tu n'en as écrit ?

– Je vais même te dire mieux : *j'aurais pu mettre une date à chacun de mes quatrains prophétiques*[3].

1. *Lettre à César.*
2. *Lettre à César.*
3. *Lettre à Henry, roy de France second.*

« Mais je ne peux te livrer plus de détails. Chaque chose doit venir dans un ordre imposé par le déroulement du temps, devant lequel l'homme n'est pas grand-chose. Quant aux dates des événements que j'ai pressentis, je ne puis te les confier, car je sais que cette connaissance te nuirait après ma mort.

Nostradamus et son fils se rendirent dans une petite auberge que le propriétaire avait achetée en l'étude de Jaume de Nostredame. L'aubergiste, les ayant vus arriver, se précipita à la porte pour les accueillir.

– Quel honneur, messire de Nostrodamo, que de recevoir chez moi un personnage aussi illustre que vous. J'ai appris que le roi Charles IX et sa mère venaient de vous rendre visite. Quel bon vent vous amène à Saint-Rémy ?

– Mon fils aîné, César, qui m'accompagne, voulait voir la maison où je suis né et celle de mon père.

L'aubergiste était très fier de recevoir un client de marque qu'il avait connu dès sa naissance.

– Asseyez-vous ici, près de la cheminée. Bien entendu, vous êtes mes invités. Déjà monsieur votre père me faisait l'honneur de venir de temps en temps, lorsqu'il avait réalisé une vente ou partagé un héritage entre différents hoirs[1]. Il me parlait de vous, me disait combien vous aviez l'esprit vif et curieux, dès votre plus jeune âge. Ah ! il vous aimait bien monsieur votre père !... Vous avez de la chance. Le père Magnan qui a une bouriasso[2] dans le Lébéron[3] m'a apporté ce matin des bourligo[4] que j'ai farcies.

– Sans doute mon père était-il fier de moi, reprit Nostradamus. Cependant, je ne pense pas qu'il m'ait choyé plus que mes frères et sœurs. Mais il est vrai que mon arrière-grand-père m'a transmis tant de choses, à moi, rien qu'à moi : la médecine, l'apothicairerie, l'astronomie et bien d'autres sciences.

L'aubergiste revenait les bras chargés de bourligo.

– Oh ! Maistre de Nostre-Dame ! Dites, qu'est-ce qui va nous arriver ? J'ai essayé de lire votre livre ; c'est le notaire de Salon qui me l'avait prêté. Dame, je n'y ai pas compris grand-chose... Si vous pouviez m'en dire un mot, quelle faveur ce serait !

Nostradamus ne fut pas dupe un instant. Il connaissait bien l'aubergiste ; cette demande relevait davantage de la flatterie que de

1. Héritiers.
2. Grosse ferme (provençal).
3. Ancien nom du massif du Lubéron.
4. Alouettes qui vont par bandes de cinq ou six, connues dans le Lubéron (provençal).

l'intérêt pour son œuvre. Ses fourneaux et les florins qu'ils rapportaient comptaient plus que tout. Il lança un coup d'œil complice à son fils et répondit :

– Les catholiques et les protestants vont encore se battre. Les rues de Paris deviendront des ruisseaux de sang, et ce sera celui des protestants. Vous le verrez, César aussi, mais quant à moi, Dieu m'aura rappelé à lui.

Nostradamus se tut un instant et, comme dans un état second, récita :

– La grand cité qui n'a pain qu'à demi,
Encore un coup la Saint-Barthélemy,
Engravera au profond de son âme,
Nîmes, Rochelle, Genève et Montpellier
Castres, Lyon, Mars entrant au Bélier,
S'entrebattront le tout pour une dame.

– Quel charabia ! Décidément je n'y comprends rien. On va tuer les protestants en invoquant saint Barthélemy ? C'est cocasse !

– Il est trop tôt pour comprendre. Les événements se seront produits, alors tout sera clair, mais malheureusement trop tard pour les éviter.

– Alors, à quoi servent vos prophéties de malheur ? À faire peur aux braves gens ? C'est pas ça qui va nous deslagna[1].

1. Ôter le chagrin, consoler (provençal).

– Mes prophéties portent sur une longue durée de temps, maistre aubergiste, malgré tout bien courte comparée au cours de l'histoire. Leur raison d'être n'est pas d'effrayer les peuples, mais de les avertir des catastrophes qu'ils vont causer, bien pires que celles d'aujourd'hui ou du passé. Les malheurs arrivent brutalement et ne préviennent pas, comme on dit ici : *lou tron avertis pas*[1]. Et puis bien des humains sont sourds et aveugles.

– Eh ! je suis bien comme eux, moi *fau faire coume lou tèms*[2].

César s'agitait depuis un bon moment, agacé par les sottes paroles de l'aubergiste, et intervint brusquement :

– En 1556, mon père avait prévenu Catherine de Médicis et son mari le roi Henri II que celui-ci ne devait plus faire de tournois, sinon il périrait dans la lice. Ils ne l'ont pas écouté et le roi est mort !

– *Es quaucarèn que passo l'imaginacioum*[3] !

Nostradamus reprit, légèrement amusé :

– *Profanum vulgus est inscium ne attrectato*[4].

1. *Le tonnerre ne gronde pas avant la foudre* (provençal).
2. *Faut prendre le temps comme il vient* (provençal).
3. *C'est inimaginable* (provençal).
4. Extrait du seul quatrain écrit en latin par Nostradamus, à la fin de la VIe centurie : *Que la foule profane et ignorante ne soit pas attirée* (sous-entendu : par mon œuvre).

Cher aubergiste, ne vous vexez pas, mais mes écrits ne nous concernent aujourd'hui que très peu. Ils prendront toute leur ampleur dans bien longtemps, quand les hommes mettront plusieurs fois le monde à feu et à sang.

– Bah ! Ça me suffit pour aujourd'hui, je vais retourner à mes fourneaux.

Nostradamus voulut apaiser son fils.

– Rassure-toi, mon petit, mes prophéties seront connues par-delà les océans, de Cipango[1] jusqu'en Amérique. Hélas ! les hommes ne les écouteront pas, malheureusement, et les gouvernants eux-mêmes seront sourds à mes avertissements. Qu'y puis-je ? C'est ainsi depuis la nuit des temps. Allez, allez, mange.

Le repas terminé, ils saluèrent l'aubergiste et le remercièrent poliment de son accueil. Nostradamus monta sur son cheval et tendit la bride à son fils.

– Tiens, César, tu vas me servir de coucarèu[2] jusqu'aux remparts. Nous rentrons à Salon. Cet aubergiste m'a distrait de mon récit.

– Père, pourquoi ne sommes-nous pas allés voir l'oncle Antoine ?

– Mes frères et sœurs ne m'ont pas

1. Ancien nom du Japon.

2. Celui qui accompagne à pied celui qui est monté sur un cheval (provençal).

témoigné beaucoup d'affection depuis le succès de mes écrits. Tu sais, César, la jalousie chez l'homme est le défaut le plus répandu. On est souvent trahi par les siens. Pourtant Antoine n'a pas à se plaindre, il est un des trois consuls de la ville. Je dois quand même mettre à part mon frère Jean qui est procureur devant la souveraine cour du Parlement de Provence[1]. J'ai su qu'il avait fait quelques affaires avec mon autre frère Hector.

– Et mon oncle Bertrand ainsi que ma tante Delphine ? Tu n'en parles jamais.

– Bertrand est marchand à Saint-Rémy. On ne se voit pas. J'ai su qu'il intriguait pour entrer au service de Claude de Savoie, comte de Tende et qui plus est gouverneur et sénéchal[2] de Provence. Or, tu sais, dans cette période de guerre civile, on a besoin d'hommes pour défendre les villes. Il serait flatteur pour mon frère d'entrer dans une des compagnies de Claude de Savoie. Comme mon père, il a du mal à accepter sa condition de bourgeois et aimerait bien, lui aussi, s'ennoblir.

César avait quelque difficulté à comprendre les réticences de son père à ce désir d'ennoblissement.

1. Jean est le destinataire de la préface du *Traité des fardements et confitures.*

2. Ancien officier de la justice royale.

– Et pourquoi pas, après tout ?

La réplique de Nostradamus fut sèche :

– La noblesse se mérite et ne se désire pas ! Antoine est comme Bertrand. Depuis peu, il cherche même à rivaliser avec moi pour prouver qu'il a autant de culture et d'humanisme que moi. Mon Dieu ! Que de vanités ! Quant à ma sœur Delphine, c'est une vieille fille sotte qui a été subornée par Antoine pour qu'elle en fasse son légataire universel.

– Eh bien, père, tu n'est pas tendre avec la famille.

Nostradamus garda le silence pendant un moment. En avait-il trop dit à son fils ? Ses propos seraient-ils interprétés en mauvaise part ? Puis il pensa qu'il valait mieux que son aîné connaisse tout de la famille et de ses origines. César, voyant son père songeur et un peu sombre, n'osait plus rien dire. Nostradamus reprit :

– Plus tard on m'attribuera diverses origines sans aucun rapport avec nos ancêtres ; les filiations qu'on me prêtera seront totalement contraires à ce que j'ai dit de moi dans mes écrits ; je serai revendiqué par des groupes, des Églises, des sectes et surtout des groupes occultes ou acroamatiques[1].

---

1. Synonyme de ésotérique, ce mot désignait certaines doc-

– C'est donc que tu seras encore plus célèbre !

– Il n'y a aucune fierté à en tirer, car les événements à venir que j'ai vus et rapportés ne sont ni drôles ni glorieux, hormis la fin de l'ère des Poissons.

Le jour commençait à décliner et les remparts de Salon étaient en vue. La température baissait rapidement. Nostradamus pressa son cheval.

– Je continuerai demain à te raconter l'histoire de ma vie. Je te parlerai des études que j'ai faites à Avignon et ensuite à Montpellier. J'ai eu beaucoup de chance de pouvoir apprendre la médecine dans cette université qui est, de très loin, la plus moderne et la plus avancée de notre siècle.

Arrivés devant la maison, Nostradamus chargea César de reconduire Phébus chez le palefrenier Marius Lamanon. Lorsqu'il franchit la porte, Madeleine, Charles, André, Anne et Diane se précipitèrent sur leur père pour l'accueillir. Il les garda contre lui tous les quatre quelques instants, puis les écarta doucement pour embrasser Anne, son épouse. Il était déjà sept heures du soir et tout le monde passa à table.

---

trines non écrites, et particulièrement celles qu'Aristote développait dans ses entretiens intimes avec ses disciples.

– Est-ce qu'on aura la dernière confiture que tu as faite ? questionna César.

– Si vous êtes bien sages !

La réponse déclencha un brouhaha charmant...

Chapitre II

Le matin

Quelques jours plus tard, et plus exactement le 13 décembre, Nostradamus reprit le récit de sa vie devant son fils. Il fit asseoir l'enfant sur le banc à côté de lui.

– Aujourd'hui, César, c'est la fête de sainte Lucie. J'ai vu qu'un pape sera assassiné un 13 décembre.

– Quand cela ?

Tout à coup César se rappela que son père ne voulait pas dater les événements.

– Sache seulement que cet événement ne se produira que dans plusieurs siècles. Au fait, où en étais-je resté de ma vie ?

– Tu voulais me parler de ton enfance et de tes études.

– C'est donc mon arrière-grand-père maternel qui m'apprit à lire, à écrire et à compter. Il m'ouvrit l'esprit à toutes les disciplines de l'humanisme. Il me parlait par exemple des planètes, de leurs conjonctions, des constellations, des éclipses ou des comètes, et je voulais toujours en savoir davantage. Nous sortions souvent la nuit pour observer le ciel. Chaque fois, j'étais fasciné par l'immensité qu'il me faisait découvrir. C'est ainsi qu'il m'amenait à comprendre que l'homme dans l'univers ne représente qu'un grain de poussière.

« Ainsi, je suis devenu astrologue, ou plus précisément et, si je pense aux siècles à venir, astronome ou astrophile[1]. Car plus tard le terme d'astrologue n'aura pas le même sens qu'actuellement. Les futurs astrologues chercheront à démontrer que l'histoire de l'humanité est prédéterminée par la position des astres dans le ciel. Et les hommes de science qui étudient l'univers céleste les rejetteront dans l'obscurantisme. Les premiers se seront privés de la véritable étude scientifique du ciel ; les seconds seront dépourvus d'une connaissance essentielle à la conduite de sa propre vie. Puisque les planètes ont assurément une influence sur les hommes en fonction de l'heure et du lieu de leur naissance.

« Cependant, elles ne déterminent que des inclinations et leur disposition sur la carte du ciel n'annonce jamais des faits déterminés à

1. Terme utilisé au XVIe siècle pour désigner ceux qui s'intéressaient au cosmos.

une date précise ; car *les secrets de Dieu sont incompréhensibles, et la vertu causale touche à la longue étendue de la connaissance naturelle, prenant son origine la plus immédiate dans le libre arbitre*[1].

« Ainsi, j'ai dressé à ce jour de nombreux horoscopes pour des gens qui venaient me consulter comme médecin, et en observant la carte du ciel le jour même de leur venue au monde, je pouvais leur indiquer les faiblesses de leur corps, les excès à éviter, les talents qu'ils pourraient développer. Certains en tenaient compte, mais bien d'autres oubliaient tout et reprenaient leurs habitudes. C'est dans ces choix que réside le libre arbitre de l'homme.

– L'astrologie est donc une science aujourd'hui.

– Tous les « astronomes » aujourd'hui font de l'astrologie et dressent des horoscopes, comme Copernic. Lors de mes voyages en Italie, j'ai pu enrichir mes connaissances grâce aux livres de mes prédécesseurs. J'ai eu en main l'excellent ouvrage de Copernic *De revoltionibus orbium coelestium* et ceux de son disciple Rhéticus, *Narratio de libris revolutionum Copernici* et *Orationes de astronomia.* J'allais oublier qu'à

1. *Lettre à César.*

Assise j'ai aussi travaillé avec le remarquable ouvrage de Regiomontanus[1].

– Tu n'as ici aucun de ces livres ?

– Non. Mais j'ai encore toutes les notes que j'avais prises. De toute façon l'astrologie est et restera une science, malgré une longue période pendant laquelle elle sera rejetée par les hommes de sciences et par l'Église. Pourtant, aujourd'hui elle s'y intéresse encore mais pas pour très longtemps : le pape Sixte IV a fait venir à Rome Regiomontanus, et Copernic avait dédié son ouvrage au pape Paul III. Tous, comme moi, ont fait et font des horoscopes librement. En revanche, au siècle précédent, l'astrologue arabe Albumasar a condamné sévèrement, dans son *Flores astrologiæ*, les physiciens ignorant l'astrologie.

César devint songeur. Il pensait aux quatrains de son père contenant des données astrologiques.

– Mais n'est-il pas contraire aux enseignements de l'Église d'utiliser l'astrologie pour prophétiser ?

– Bien sûr que si ! répondit Nostradamus en appuyant sur le si. Et d'ailleurs, ce n'est

1. Astronome allemand (1436-1476). Il écrivit plusieurs livres dont un sur l'astrologie et le mouvement des planètes dont *Joannis de Monte Regio tabulae directionum profectionumque.*

pas en étudiant les conjonctions des planètes que je pressens les événements à venir.

J'ai utilisé l'astronomie pour en dater certains, en notant la coïncidence entre eux et telle ou telle configuration particulière du ciel au moment où ils se produiront. Ce qui ne m'empêche pas de dresser les horoscopes de mes contemporains. Ainsi le roi Henri II avait dans son thème une conjonction en maison XII qui l'exposait à un danger par les armes. J'ai donc demandé à Catherine de Médicis que le roi ne fasse plus de tournoi. Et le roi est mort en joutant contre Montgomery[1]. On reconnut alors également mes dons de voyant et non plus seulement de médecin.

– Ce sont donc les astrologues qui comprendront ton message prophétique.

– Sûrement pas ! Et pourtant, ils seront nombreux à étudier mes écrits, alors que j'ai demandé que *les astrologues, les sots et les barbares s'éloignent de mon œuvre*[2]. Car il est impossible de dresser les horoscopes de personnages historiques qui ne sont pas encore nés. Encore une fois, la prophétie fait appel à une vision globale du temps et de l'espace et les événe-

1. En 1559.
2. L'un des vers du quatrain en latin qui se trouve à la fin de la VIe centurie : *Omnesque astrologi, blenni, barbari procul sunto.*

ments ne dépendent pas de la position des planètes sur la carte du ciel. C'est pourquoi bien des gens chercheront, sans succès, à décoder mon message. *Les causes seront comprises universellement sur toute la terre. Et, mon fils, sache que les hommes de lettres feront une grande et incomparable jactance sur la façon dont j'ai trouvé le monde, avant la conflagration mondiale qui doit apporter tant de bombardements et des révolutions si fortes qu'il ne sera guère de pays qui ne soient touchés par les troubles*[1].

– Et moi ? Est-ce que j'étudierai tes quatrains ?

– Non. Ce n'est pas toi qui comprendras mon message.

– Mais pourquoi donc ?

– Parce qu'il ne doit être découvert que peu de temps avant la grande conflagration que j'ai annoncée car elle mettrait en péril l'existence même de l'humanité. Ma prophétie jouera son rôle d'avertissement peu de temps avant.

– Mais, je ne comprends pas : l'autre jour, tu m'as dit que tu aurais pu dater tous tes quatrains ; ce n'est donc pas grâce à l'astrologie ?

– Non. Écoute : j'ai vu près de cinq siècles

1. *Lettre à César.*

d'histoire à venir avec d'incroyables précisions de temps et de lieux. Et de la façon suivante : en ne retenant que les coïncidences des conjonctions des planètes, des comètes ou des éclipses entre elles et un ou plusieurs événements précis.

– Par exemple ?

– En 1535 – j'avais alors trente-deux ans –, j'ai observé une très belle comète. J'ai fait des calculs nombreux sur sa trajectoire. J'ai découvert qu'elle avait une périodicité approximative de soixante-seize ans au bout desquels elle reviendrait régulièrement. Fort de cela, dans mes visions nocturnes, je revoyais cette comète passer dans le ciel quatre cent cinquante et un ans plus tard alors que je discernais l'immense lueur d'un incendie qui ravageait une grande surface et touchait de nombreux pays [1]. La comète en question est, d'après mes calculs, la même que celle que j'ai pu observer en 1535 [2].

César n'en croyait pas ses oreilles.

---

1. Nostradamus fait allusion ici au quatrain 67 de la quatrième centurie qui annonçait la catastrophe de Tchernobyl, le 26 avril 1986, au moment où la comète de Halley était, sur la carte du ciel, à égale distance de Saturne et de Mars. Voir Jean-Charles de Fontbrune, *Nostradamus, nouvelles prophéties* 1995-2025, éditions Ramsay, 1995.

2. 1535 est l'année d'un passage de la comète de Halley. Nostradamus aurait-il découvert sa périodicité avant Halley en 1681 ?

– Quatre cent cinquante et un ans ! Je comprends mieux pourquoi tu m'as dit que ton message ne me concernait pas. Et puis les quatrains que tu m'as lus sont tellement compliqués et contiennent tant et tant de connaissances. C'est mon arrière-arrière-grand-père qui t'a appris tout ça ?

– Non, bien sûr ! Mais c'est lui qui m'a initié à l'astrologie et surtout qui a conseillé à mon père de m'envoyer étudier très tôt à Avignon. Je me suis donc retrouvé en pension en 1513 dans un collège tenu par des religieux très érudits. J'avais alors à peine dix ans lorsque j'ai commencé à étudier la grammaire, la rhétorique, la philosophie, l'histoire, la géographie, les mathématiques et bien d'autres disciplines encore. Avec mes quelques connaissances en astrologie, on m'a très vite surnommé « le jeune astrologue ». Mes camarades réunis autour de moi, je leur expliquais les mouvements du ciel avec mon astrolabe.

– Que faisais-tu le dimanche ?

– Je ne rentrais que très rarement à Saint-Rémy. L'un de mes professeurs, un prélat italien très érudit et qui parlait huit ou neuf langues, m'avait pris en affection. Il venait du couvent franciscain d'Assise. Après la messe, nous allions dans son cabinet de travail. Il m'apprenait l'italien et m'indiquait les étymologies communes à d'autres langues. Ça m'a beaucoup servi pour coder mes prophéties. Il me montrait des livres rares qu'il avait apportés d'Italie. Il était très féru d'astronomie. Ainsi, il compléta mes connaissances en la matière. Il me conseilla aussi de visiter l'Italie et attira mon attention sur le fait que l'humanisme était né dans ce pays. Il me fit même une lettre de recommandation pour différents couvents italiens où, m'avait-il dit, je trouverais des livres qui me serviraient. Sur le moment, je ne saisis pas le sens de ce geste. Mais en voyageant en Italie, je découvris quel extraordinaire cadeau il m'avait fait.

– Tu es allé en Italie ?

– Oui. Plusieurs fois. Je te parlerai plus tard de ces voyages et de ce qu'ils m'ont apporté.

Tout à coup, le regard de César tomba sur un vieux livre dont la couverture jaunie et usée laissait encore deviner le titre : *Des plantes et de leurs facultés iatrices*[1]. Il avança la main pour saisir l'ouvrage. Nostradamus la lui saisit :

– Ne touche pas à mes livres, tu les auras après ma mort, du moins ceux que j'aurai gardés. Justement, celui-ci m'a été donné par le père franciscain d'Avignon. Il répertorie les propriétés d'une grande quantité de plantes

1. Curatives.

aux vertus thérapeutiques. Il m'a été d'une grande aide à Montpellier, parce qu'il contient des connaissances que n'avaient pas mes maîtres. C'est d'ailleurs de cette façon, à partir des carences de l'enseignement, que j'eus envie de me diriger vers d'autres savoirs que les disciplines dispensées.

« C'est pour ça que je suis allé en Italie. Et mon pauvre cheval a bien souffert du poids des livres que je lui ai fait porter.

– Mais alors qu'as-tu appris à la faculté de médecine de Montpellier ?

– J'ai eu la chance de travailler dans la seule faculté où les dissections étaient autorisées.

César coupa son père :

– Les dissections ? Qu'est-ce que c'est ?

– On coupe, morceau par morceau, des cadavres ; on étudie leurs humeurs, leur squelette, leurs viscères et on essaie de comprendre comment fonctionne le corps humain.

Le visage de César grimaça.

– Mais c'est dégoûtant !

– Non, car si l'on veut venir à bout de certaines maladies et des épidémies qui tuent tant et tant de gens, il faut essayer de comprendre comment elles détruisent la vie. Notre époque commence à remettre en question la fatalité enseignée par l'Église et ouvre une ère de longue recherche pour lutter contre la mort.

– Que dit l'Église ?

– Elle seule décide des fondements de la vérité et du savoir. C'est pourquoi mes maîtres m'ont enseigné que la peste noire de 1345 avait gagné toute l'Europe depuis la Perse pour punir les chrétiens de leurs péchés. Mais cette explication ne me satisfaisait pas. Et plus tard, j'ai perdu à Agen ma première femme et mes deux enfants, dans la même semaine : j'ai alors compris que la cause de ces trois morts était la même.

César réalisa tout à coup qu'il aurait pu avoir deux demi-frères ou sœurs. Que ces deux enfants soient morts l'attristait. Ils auraient été ses aînés. Il se demanda si, dans ce cas, son père lui aurait préfacé son livre.

– Et pourquoi tu n'es pas mort, toi ?

– Ma femme et mes enfants souffraient de la même façon : fièvre, grosses sueurs, mal à la gorge, difficultés à avaler. C'est par ces rapprochements que j'ai supposé que certaines maladies se propagent par quelque chose passant d'un homme à l'autre. Je me suis donc immédiatement protégé en posant un linge sur mon visage de sorte que mon nez et ma bouche soient couverts.

César éclata de rire :

– Tu devais être drôle !

– Ne ris pas, petit sot, quand je parle de la mort de trois êtres qui m'étaient très chers.

– Pardonne-moi, papa, je t'imaginais avec ton linge sur la figure. Et qu'as-tu fait d'autre ?

– J'ai tout lavé, les vêtements, les sols, mes mains... à l'essence de hêtre[1] pour empêcher que ce quelque chose – que je pressentais mais ne savais identifier – envahisse mon corps et me tue aussi.

– Alors pourquoi ta femme et tes deux enfants sont morts tous les trois à la fois ?

– Sans doute était-il trop tard pour les protéger.

Un peu effrayé, César lança :

– C'était la peste ?

– Non. Je n'ai jamais su ce que c'était. En revanche, alors que j'étais à l'université d'Avignon, la peste ravagea le Languedoc en 1520. Elle gagna tout le Comtat Venaissin. La Faculté fut fermée. Je rentrai à Saint-Rémy. Là, je dis à mon père que je voulais être médecin, mais qu'avant je voulais essayer de comprendre comment la peste se répandait et tuait tant de gens et que, pour cela, il fallait que je me rende dans les villes où elle sévissait.

– Et il a accepté ?

– Malgré mon jeune âge – j'avais alors dix-

1. L'essence de hêtre est l'un des principaux composants de la créosote, puissant antiseptique.

sept ans –, non seulement il m'encouragea à le faire, mais il me donna un pécule confortable pour assurer ma subsistance. Je restai quelques mois à Saint-Rémy où j'étudiais des livres que m'avait donnés mon père franciscain, dont des ouvrages de médecine de maîtres italiens. Il m'avait d'ailleurs conseillé de ne pas parler de ces livres qui, disait-il, pourraient m'attirer des ennuis : les connaissances qu'ils délivraient étaient très en avance sur leur temps et en contradiction formelle avec certains enseignements de l'Église.

– Et tu les as brûlés, je suppose.

– Oui ! et bien d'autres encore.

César ne comprenait pas qu'on puisse détruire des livres. Ainsi leur contenu était-il définitivement perdu ?

Nostradamus tint à rassurer son fils :

– Je ne l'ai fait qu'à contrecœur. J'y ai été, hélas ! forcé à cause de l'Inquisition qui n'aurait pas manqué de m'arrêter pour possession de textes hérétiques – hérétiques aujourd'hui mais dont la science sera avérée dans quelques siècles. Certains de ces livres m'ont servi pour rédiger mes prophéties.

– C'est bien triste, répondit César. A moi on demande de prendre soin de mes livres d'école et toi tu brûles les tiens !

– Si je ne l'avais pas fait, j'aurais été

condamné au bûcher et mes écrits auraient été détruits.

Avec son imagination d'enfant, ce père qu'il aimait tant apparut à César dévoré par les flammes d'un gigantesque brasier. Il en fut terrifié. Nostradamus vit le visage crispé de son fils ; il le serra contre lui.

– Mais je suis là ! Tu vois bien qu'il ne m'est rien arrivé et, depuis des années, l'Église et le roi me protègent.

« Je continue donc : lorsque cette terrible maladie s'est répandue dans le Comtat Venaissin, j'ai acquis ma première expérience. J'allais par les rues ; j'observais les mouvements des gens ; certains se cloîtraient dans leurs maisons ; d'autres fuyaient la ville, achetaient des provisions à quelques marchandoto[1] qui bravaient la maladie pour gagner quelques florins ; puis ils se réfugiaient dans des oustalouns[2] ou même des bori[3] perdus dans les oliveraies ou dans les vignes. Et malgré ces précautions, ils étaient atteints par l'épidémie.

– Mais comment as-tu pu savoir que des gens avaient emporté le mal avec eux ?

– Un jour de cette année 1521, je rends

1. Petite marchande, colporteuse (provençal).
2. Petite maison (provençal).
3. Masure, cahute (provençal).

visite aux Magnan de Valréas – des marchands de blé qui avaient été en affaire avec mon père à Saint-Rémy. Je les trouve en train de faire leurs bagages. Terrifiés par la peste qui avait envahi la cité, ils se rendaient avec leurs cinq enfants dans leur bastido [1] au pied du mont Ventour [2]. Je leur propose de les y accompagner et de rester quelques jours avec eux. Avant de nous mettre en route, ils achètent des victuailles à une marchandoto qui passait par là. La pauvre gamine éternuait et toussait. Nous arrivons en fin d'après-midi. Le ventoureso [3] soufflait à décorner les bœufs. Le surlendemain, deux des enfants et la mère montrent les premiers signes de la maladie.

Ce récit commençait à effrayer César. Il pressa son père.

– Continue, continue...

– Ils éternuaient constamment, toussaient, étaient brûlants et transpirants comme des febre-lento [4]. J'en conclus qu'ils avaient emporté la peste avec eux et que c'était fort probablement la petite marchandoto qui la leur avait transmise. C'était une hypothèse que j'espérais pouvoir vérifier un jour. Je quittai

1. Bastide, maison de campagne, ferme (provençal).
2. Le mont Ventoux.
3. Vent du nord-est qui souffle du mont Ventoux sur la Provence.
4. Poitrinaire (provençal).

les Magnan et rentrai à Saint-Rémy. Quelques jours plus tard je me rendis dans plusieurs villages du Languedoc pour rencontrer certains villageois qui soignaient les gens avec des plantes.

– Qui était-ce ? demanda César.

Nostradamus garda un instant le silence, puis poursuivit :

– Je ne puis te le dire. Certains sont encore en vie et je dois respecter le secret que je leur ai promis.

– Et pourquoi ?

– Ils sont considérés par l'Église comme sorciers et possédés du démon.

– Dis-moi au moins ce qu'ils t'ont appris.

– J'ai étudié les plantes et les champignons avec eux pendant près de trois ans. Je les ai accompagnés dans la garrigue si riche en simples[1] ; ils m'ont montré comment les ramasser, à quel moment de l'année, comment les préparer pour en faire des potions, des crèmes ou des fardements.

– Voilà d'où te viennent toutes tes connaissances en pharmacaitrie[2] !

– Pas toutes. Je les ai complétées en soi-

1. Nom masculin pluriel ; plantes médicinales employées en nature.

2. Équivalent d'herboristerie.

gnant les pestiférés et ensuite à la Faculté de médecine de Montpellier[1].

César se gratta la tête ; il venait de s'apercevoir qu'il y avait un trou de près de cinq ans dans le récit de son père.

– Voyons, 1524, 1529. Qu'as-tu fait pendant ces cinq ans ?

– En 1525, la peste gagna tout le Languedoc jusqu'en Aquitaine, passant de ville en ville. Ce fut pour moi l'occasion d'appliquer ce que j'avais appris de la faculté iatrice des plantes et de tenter de vérifier mon hypothèse. Je me rendis d'abord en Septimanie[2] à Agde, à Béziers, à Narbonne, à Carcassonne, puis en Aquitaine à Toulouse et enfin à Bordeaux.

« Suivre le même parcours que la peste était le seul moyen de comprendre comment cette redoutable maladie circulait. Comme j'avais déjà réussi à enrayer une épidémie lors de mon séjour à Agen, je fus appelé à Carcassonne. Là, l'évêque de la cité, Amédée de Foix, me fit mander. Il avait une grosse fièvre. Je le soignai et il guérit deux jours après. C'est ainsi que ma renommée emboîtait le pas à l'épidémie. En 1539, je fus invité à venir

1. Nostradamus y fut admis le 23 octobre 1529.

2. La Septimanie comprenait une partie du Gard, l'Hérault et l'Aude.

exercer mon art à Bordeaux. J'y fus fort bien reçu. Les habitants de cette ville sont très gais. Ils mangent beaucoup ; je leur ai donc donné quelques conseils au sujet des excès de nourriture. Je ne suis pas sûr d'avoir été entendu ! J'eus la chance de rencontrer un célèbre apothicaire, nommé Léonard Baudon, qui me permit de me perfectionner dans la préparation de certaines potions.

– La peste était partie de Carcassonne pour gagner Bordeaux ? demanda César.

– C'est cela, répondit Nostradamus. Mais elle n'était certainement pas passée de la Septimanie à l'Aquitaine par l'opération de l'Esprit Saint. Dieu et sa prétendue malédiction n'y étaient pour rien. Les hommes et les animaux suffisaient pour faire passer la peste d'une personne à une autre ou lui faire parcourir des régions entières.

– En disant pareille chose, n'es-tu par hérétique ?

Nostradamus esquissa un sourire malicieux.

– Une allégation aujourd'hui hérétique sera demain certitude scientifique.

L'épouse de Nostradamus, venait de gravir quelques marches de l'escalier à vis. Sa voix résonna dans le colimaçon :

– Michel, César ! venez déjeuner.

Mais César avait fait un tel effort pour retenir tout ce que son père venait de lui raconter qu'il se sentait un peu saoul. Même s'il était vif et dégourdi pour son âge, il avait quelque difficulté à fixer son attention si longtemps. Nostradamus s'en aperçut.

– Je t'ai parlé pendant plusieurs heures. Je n'ai pas vu le temps passer et j'ai peur de t'avoir ennuyé.

– Oh ! non. Quand me raconteras-tu la suite ?

– Cet après-midi. Mais je te propose de prendre Phébus et d'aller nous promener dans la Crau.

Le repas fut animé. Les enfants étaient très excités par la préparation de l'anniversaire de leur père le lendemain. La maman avait préparé un gâteau dans lequel elle avait mis de la confiture de figues et de raisins faite par Nostradamus au moment des vendanges, selon ses propres recettes.

La maisonnée avait à peine fini de manger que César demanda l'autorisation de se lever de table pour aller chercher Phébus chez Marius Lamanon. Il était maintenant avide d'en apprendre davantage sur son père. Il se leva donc et sortit. Quelques instants plus tard, il revint avec le cheval, l'attacha dans la rue à l'anneau fixé sur la façade et entra. Puis son père et lui – une fois dans la rue –, enfourchèrent la monture et prirent la route de la Crau.

Le vent était tombé. Sans doute pas pour longtemps. L'air vif de décembre était réchauffé par un soleil généreux. Cependant, après avoir parcouru environ deux lieues, César avait le nez et les oreilles rougis par une légère brise qui venait de se lever.

– Est-ce qu'on peut arrêter, demanda César ? J'ai froid.

– Oui. Ça y est ! le mistral se lève. Entre le vent et les cailloux cette Crau est bien inhospitalière. Et pourtant, regarde les Alpilles, comme elles sont belles sous cette lumière.

Ils avisèrent un champ protégé du vent par une rangée de cyprès et s'assirent à l'abri. Nostradamus sortit de sa besace un récipient de terre cuite emmailloté dans des morceaux de gros drap de lin. Il prit un tian[1], le remplit et le tendit à son fils.

– Tiens, César ! bois cette décoction de thym, de romarin et de pebre d'ase[2] dans laquelle j'ai fait fondre un peu de confiture. Ça va te réchauffer. J'avais prévu qu'il allait faire froid.

– Évidemment, tu prévois tout !

– Ne te moque pas, s'il te plaît ! Je ne vois

1. Bol sans oreilles (provençal).

2. Littéralement poivre d'âne, c'est-à-dire sarriette (provençal).

que les événements que Dieu immortel m'a dévoilés. *Ceux-ci ne peuvent être connus ni par les interprétations des hommes, ni par un autre mode de connaissance, ni par la science occulte, car sous la voûte céleste le fait présent jusqu'à la totale éternité, embrasse la globalité du temps*[1].

Ce propos laissa César perplexe. Il se recroquevilla dans sa cape de bure pour se protéger du mistral.

– Qu'est-ce que c'est compliqué ! Je n'y comprends rien.

– *Je peux te préciser qu'en rejetant au loin les imaginations fantasques, on peut avoir la connaissance des causes futures qui se produiront, par le jugement, en te limitant aux noms de lieux et à une partie du temps, par la puissance et la faculté divines en présence desquelles les trois temps, c'est-à-dire le passé, le présent et le futur, sont compris dans le temps, dont le déroulement est lié à la cause passée présente et à venir*[2].

– Père, je suis perdu !

Nostradamus se rendit compte qu'il était inutile d'insister et que César ne pouvait intégrer une telle connaissance que les hommes mettraient quatre siècles à redécouvrir[3]. Il

1. *Lettre à César.*
2. *Lettre à César.*
3. Il s'agit d'une allusion aux théories de la relativité d'Einstein (1880).

sortit de sa poche l'édition des centuries et la montra à son fils.

– *J'ai passé un long temps dans de continuelles veilles nocturnes pour te laisser ce mémoire pour le commun profit des hommes, à partir de ce que la divine essence m'a donné à connaître avec l'aide du mouvement des astres. Et depuis qu'il a plu au Dieu immortel que tu ne sois pas né dans cette région*[1]...

César coupa son père :

– Mais si ! Je suis bien né dans cette région !

Nostradamus eut l'impression qu'il en disait trop ou pas assez à son fils. Mais il n'hésita pas longtemps. Il savait qu'une bonne partie de ce qu'il voulait transmettre lui échapperait.

– C'est un mystère qui sera découvert plus tard. *Je ne te parle pas ici des années à venir, mais de tes mois de guerre pendant lesquels tu ne seras pas capable, dans ton débile entendement, de comprendre ce que je serai contraint, après ma mort, de t'abandonner*[2].

– Pourquoi je ne peux pas comprendre et pourquoi toujours plus tard ? Et je ferai la guerre ?

– Non. *Mais il ne m'est pas possible de te laisser par écrit ce qui serait détruit par l'injustice de notre époque. J'ai donc voulu me taire et abandonner mon*

1. *Lettre à César.*
2. *Lettre à César.*

œuvre à cause de cette injustice non seulement du temps présent, mais encore d'une grande partie du futur. En conséquence, je n'ai pas tout mis par écrit parce que les gouvernements, les sectes et les pays subiront des changements si opposés, voire diamétralement opposés à ceux d'aujourd'hui, que si je venais à rapporter l'avenir en détail, les hommes de gouvernement, de sectes, de religion et de croyance le trouveraient si mal accordé à leurs oreilles fantaisistes qu'ils condamneraient ce que l'on verra et reconnaîtra dans les siècles à venir[1].

– Alors ce n'est pas moi qui comprendrai tes prophéties. Mais dis-moi, les catastrophes que tu annonces sont-elles inévitables ?

– Elles ne le seraient pas si les hommes tenaient compte de mon message. Malheureusement je sais que les gouvernants n'y croiront pas et que même certains le combattront, mécontents de l'annonce de leur fin misérable. Ainsi ils seront les artisans de leurs malheurs et c'est avec leur *libéral arbitre* qu'ils en seront responsables.

César se remémora la parole de l'aubergiste de Saint-Rémy.

– Alors à quoi ça sert ?

– A rendre l'homme totalement responsable de ses actes et à tenter de le faire

1. *Lettre à César.*

changer. Mes prophéties permettront aussi d'atténuer certains désastres qui pourraient mettre toute l'humanité en danger de mort. Ainsi, après un siècle de guerres dévastatrices, de famines, d'épidémies meurtrières, la terre retrouvera l'arche d'alliance avec Dieu ; ce sera l'âge d'or : les peuples et leurs chefs d'État vivront dans une paix universelle.

César n'en crut par ses oreilles.

– Incroyable ! dit-il à son père. Il n'y aura donc plus de guerres ?

– Non. Plus du tout ! La terre vivra une ère de paix et de prospérité comme elle n'en a jamais connue auparavant.

– On va le vivre ?

– Non, pas nous.

– C'est dans longtemps ?

– Par rapport à la globalité du temps, c'est tout proche ; mais en considérant notre temps présent, c'est dans plusieurs siècles. C'est loin de notre horizon mais pas tant qu'il te paraît. La vie d'un homme n'est pas grand-chose comparée à l'histoire du monde. Cependant, dès qu'un individu a atteint l'âge adulte, il se croit essentiel. Eh bien non ! il est effacé par la course inexorable du temps.

Le soleil déclinait. Maintenant le mistral soufflait en rafales et la température avait perdu quelques degrés. César était frigorifié.

Nostradamus s'en aperçut et décida de rentrer. Chemin faisant, il repensait aux voyages qu'il avait faits en Italie. Au même moment, César s'interrogeait sur ces mêmes voyages que son père avait déjà évoqués. Transmission de pensée entre le père et le fils ? Peut-être ! Toujours est-il que César rompit le premier le silence :

– Dis-moi, père, l'Italie t'a beaucoup apporté.

– J'ai eu la chance de rencontrer des moines d'une érudition incomparable. Certains conservaient dans leurs couvents des écrits concernant les débuts de l'histoire de l'Église à Byzance, d'autres l'histoire ancienne, d'autres les mythologies orientales, d'autres encore la géographie du monde connu.

– Et ces livres, ils te les ont donnés ?

– Ils m'en ont donné quelques-uns, et moi-même j'en ai fait don à Vulcain : ils contenaient le rapport de faits occultés par les pouvoirs politiques et religieux. En d'autres termes, ils dérangeaient les thèses officielles.

– Quelles thèses officielles ? demanda César.

– Eh bien, par exemple, l'idée selon laquelle les maladies sont des punitions divines. N'oublie pas qu'il n'y a que quatre ans que nos rois ont décidé de ne plus s'impliquer dans l'Inquisition par l'édit de Romorantin.

« Quoi qu'il en soit, ces livres ne renfermaient aucune prédiction ou prophétie mais des connaissances médicales révolutionnaires, et surtout une profusion de noms géographiques de l'Antiquité en latin ou en grec. En lisant mes quatrains tu verras que j'ai cité l'Hircanie[1], province de la Perse, l'Araxe, rivière d'Arménie qui poursuit son cours le long de l'Aderbaidjan[2]. Parfois j'ai aussi changé l'orthographe de certains noms, mais pas assez pour qu'on ne puisse les retrouver comme Samarobryn pour Samarobriva, l'ancienne capitale des Ambians[3] à l'époque de l'occupation romaine.

César esquissa un sourire que son père remarqua.

– Ça t'amuse ! lui dit-il.

– Ah, oui, papa ! Tu as encore fait beaucoup d'autres fantaisies comme celles-là ?

– Quelques autres. J'ai changé la place d'une ou plusieurs lettres dans certains mots. Tiens ! celui qui lira « Puola » ne trouvera ce mot nulle part, car il n'existe pas ; il devra

1. Contrée de l'Asie qui s'étendait le long de la côte sud-est de la mer Caspienne. Aujourd'hui en Iran. Voir Centurie III, quatrain 90.

2. Ancien nom de l'Azerbaïdjan.

3. Aujourd'hui Amiens.

restituer Palou en replaçant les voyelles dans l'ordre[1].

– Où est-ce ?

– C'est un port de la mer Adriatique.

Ce coup-ci, César éclata de rire. Le cheval en fit un écart.

– Puola, Palou ! Toi aussi, tu t'es bien amusé !

– Certainement, mais ce qui me fait le plus rire, ce sont toutes les interprétations fantaisistes qui seront faites de ces termes.

– Ah ! tu vois bien qu'on va s'intéresser à tes prophéties. Sans doute fais-tu allusion à *l'incomparable jactance* sur la façon dont tu as trouvé le monde ?

– Exactement. Regarde mon ami Jean-Aimé de Chavigny ; il est venu spécialement de Bourgogne pour compléter ses connaissances médicales, mais il a été aussi passionné par mes centuries. Il sera le premier écrivain à publier un travail sur mes écrits après ma mort. Mais il ne comprendra pas mon message.

– Comment le sais-tu ?

– Avant de regagner Beaune, il m'a fait part de son intention d'écrire sur mon œuvre. J'en ai donc profité pour lui donner la solution

1. Aujourd'hui Pula, bombardé par la flotte serbe en 1991.

d'une des nombreuses énigmes dont j'ai parsemé mes quatrains.

– Laquelle ?

– J'ai parlé dans six quatrains d'un personnage que j'ai nommé Chiren qui doit régner après 1999. Il aura un immense pouvoir dans le monde. Chavigny était intrigué par ce mot. Je lui ai donc demandé de publier quelques vers que je lui ai confiés.

– Mais qui sera ce Chiren ?

Nostradamus lâcha la bride du cheval, prit dans sa poche l'édition de ses prophéties, en sortit un petit papier manuscrit. D'une main il reprit la bride et de l'autre il tint déplié le document. Il lut :

– *Le dernier âge était, une Dame royale,*
Qui portait d'une main couronne impériale,
De l'autre un globe rond, sur lequel on lisait :
(Grand mystère) CHIREN, *lequel tourné faisait*
Le sacré nom HENRIC, *qui mis au chef du monde,*
Doit un jour commander à la machine ronde[1].

– Qui est cette Dame royale ?

– C'est l'allégorie de la monarchie ; la couronne impériale figure les Carolingiens qui

1. Jean-Aimé de Chavigny, *Janus Gallici*. Imprimé dans l'atelier de la typographie des héritiers de Pierre Roussain, Lyon, 1594.

régnèrent sur le Saint-Empire romain germanique et le globe rond symbolise le sceptre des Capétiens qui leur succédèrent.

César ouvrit des yeux ronds :

– Et ce Henric, qui est-ce ?

– Le dernier et le plus grand des rois de France.

César compta de tête les siècles qui le séparaient de 1999.

– Cela fait encore plus de quatre siècles pour la monarchie !

– Eh bien ! non. *Elle durera jusqu'en l'an mil sept cent nonante-deux que l'on croira être une rénovation de siècles*[1]. Elle sera alors remplacée par la République.

– Cet Henri va régner après 1999 et la République va remplacer la monarchie en 1792... En 1792 la monarchie sera renversée.

César terrifié :

– Tu as mis ça dans ton livre ? Que vont dire le roi, sa mère et les princes du sang ?

– Non, au lieu de la monarchie j'ai mis « celle-ci »... Comprenne qui pourra ! Il faut que je te donne quelques détails sur ce que j'ai vu. Il y aura une première République qui sera balayée par le coup d'État d'un *empereur qui naîtra près de l'Italie, qui coûtera cher à l'Empire* ; en outre, on *remarquera ses alliances*

1. *Lettre à Henry, roy de France second.*

multiples et, en fin de compte, *on le trouvera moins prince que boucher*[1]. Tu apprendras, César, que l'histoire de l'homme n'est pas guidée par la raison, mais par la déraison. C'est pourquoi ce qui est blanc aujourd'hui peut être noir demain, ou le contraire. Rappelle-toi, je t'ai précisé que *j'avais raboté et obscurci mon message prophétique parce qu'il annonce pour les pays, les gouvernements et les religions des changements diamétralement opposés à ceux d'aujourd'hui*[2]. Aussi mes écrits dérangeront toujours les pouvoirs quels qu'ils soient.

– Même après 1999 ?

– Non. Un peu avant ils seront connus dans tous les pays ; mais il faudra encore un peu de temps pour qu'ils soient vraiment reconnus et qu'enfin ils atteignent leur objectif *pour le commun profit des hommes*[3].

– Et après cet empereur ?

– La monarchie reviendra pour quelque temps, puis elle sera de nouveau renversée et remplacée par une nouvelle république. Mais celle-ci durera encore moins que l'autre et sera chassée par un nouvel empereur dont le règne se terminera par une guerre désastreuse.

---

1. Centurie I, quatrain 60.
2. *Lettre à César.*
3. *Lettre à César.*

– Mon Dieu ! Que de bouleversements ! s'exclama César.

– Il y en aura encore bien d'autres, ajouta son père. Tiens, cette troisième république s'effondrera dans une terrible guerre d'invasion et la France sera gouvernée par *un vieux qui sera moqué et privé de sa place par l'ennemi qui l'aura mis sous sa coupe en le flattant, puis quand les armées de libération seront à Chartres, Orléans et Rouen, il trahira*[1].

César n'en revenait pas. Ce qu'il entendait lui paraissait tellement irréel et même irréalisable.

– Dis, père ? Tu y crois vraiment à tout ça ?

– La question n'est pas d'y croire. J'ai vu tous ces événements, un point c'est tout ! et bien d'autres encore. Je viens de t'annoncer trois républiques ; eh bien, il y en aura encore deux autres : une quatrième qui *sera jetée du milieu et mis au haut lieu de l'air par le second Thrasybule qui aura manigancé tout ceci de longue main*[2].

– Thrasybule ? Qui est-ce déjà ?

– Rappelle-toi. Je t'ai fait lire le récit de la

1. Centurie IV, quatrain 61. Pétain fut emmené par les Allemands à Sigmaringen le 20 août 1944. Ce jour-là, la IIe armée britannnique était à Rouen et la IIIe armée américaine à Orléans et à Chartres.

2. *Lettre à Henry, roy de France second.*

guerre du Péloponnèse par Thucydide. Après l'invasion et l'occupation d'Athènes par les Spartiates, le général Thrasybule leva à Thèbes – cette ville démocratique alliée d'Athènes – l'étendard de la résistance à l'envahisseur. Puis, avec une troupe d'exilés et de bannis qui grossissait de jour en jour, il chassa les Lacédémoniens. Il fit ensuite juger les sycophantes, ce corps de délateurs professionnels que les Spartiates avaient créé avec des Athéniens.

– Mais quel rapport avec l'avenir dont tu parles ?

– L'agencement des personnages et des événements entre ces deux périodes sera très similaire. Cependant, il y a une différence très importante entre le général athénien et celui que j'appelle « le second Thrasybule ». Le premier, l'Athénien, après avoir libéré sa patrie de la dictature spartiate, rétablit la constitution démocratique de Solon. Le second, le Français, en fera autant, mais ensuite il renversera le régime qu'il avait mis en place pour le remplacer par une autre république plus autoritaire que la précédente.

– Cinq républiques à venir en moins de cinq siècles et entre elles d'autres régimes ! Mais alors pas une seule ne durera un siècle ?

– Bien, César ! Excellente déduction ! A

cause de cela, j'ai donc écrit qu'on prendrait l'an 1792 pour une rénovation de siècles, mais que ça n'en serait pas une.

César, époustouflé, voulut en savoir plus.

– Et cette cinquième république, elle s'effondrera aussi ?

– Oui dans le dernier conflit, avant l'âge d'or.

– Et après ?

– Il n'y aura plus de guerres. La terre connaîtra la paix ; j'ai donc arrêté là mes prophéties.

– Et quand cela aura-t-il lieu ?

– Aux environs de l'an 2025.

Nostradamus et son fils venaient de laisser Phébus chez le palefrenier. Ils regagnèrent la maison et après dîner, Nostradamus enjoignit son fils de le suivre dans son cabinet de travail.

Ils gravirent lentement les marches de pierre. Nostradamus fit monter son fils devant lui. Il sortit de sa poche la clé qu'il gardait toujours sur lui, l'introduisit dans la serrure. La porte s'ouvrit dans un grincement étrange répercuté par la petite voûte qui couronnait l'escalier. César s'assit sur le banc et Nostradamus sur son trépied de bois, après avoir allumé la lampe à huile dont la flamme ondulante projetait des ombres mouvantes sur les murs. César, qui s'était enhardi, osa déplacer un livre.

– Dis-moi, père ? Je vois sur ta table un livre d'anatomie. Est-ce un de ceux que tu as rapportés de Montpellier ?

– J'ai eu beaucoup de chance d'être admis dans cette prestigieuse université. Quand j'y suis rentré, on m'a fait signer un engagement moral.

Nostradamus, chercha dans une pile de vieux papiers. Il en retira un.

– Tu vois ce vieux papier ; écoute le serment que j'ai dû prêter pour entrer dans cette grande école de médecine : *Moi Michel de Notredame, de la nation de Provence, de la ville de Saint-Rémy, du diocèse d'Avignon, je suis venu étudier dans cette Université de Montpellier dont je jure d'observer les statuts et privilèges présents et à venir. J'ai acquitté les droits d'inscription et je choisis, comme cela m'est permis, Antoine Romier comme maître, le 23 octobre 1529.* C'est là que j'ai consolidé mes méthodes thérapeutiques concernant la peste. D'abord j'avais remarqué que mes maîtres avaient touché des cadavres et n'avaient pas été atteints. Puis, j'eus l'idée de persuader les gens de faire comme moi, c'est-à-dire de porter des masques. Je leur conseillais aussi de brûler leurs vêtements. Et l'épidémie s'est interrompue. A cet égard, la ville d'Aix-en-Provence m'a beaucoup mieux traité que Salon. Pour me remercier de mes services, elle m'a versé une rente confortable pendant deux ans. Je n'avais pas encore rédigé mes prophéties.

– Tu es resté longtemps à Montpellier ?

– Un peu plus de deux ans. J'ai ensuite voyagé dans la Septimanie[1]. Je me suis arrêté quelques jours à Carcassonne. Cette place forte m'a beaucoup impressionné par ses puissantes murailles de défense. Cependant il eût mieux valu que l'homme emploie tant de génie à des œuvres de paix plutôt qu'à des œuvres de guerre. Ensuite je suis allé m'installer comme médecin-apothicaire à Agen. Nous étions en 1533.

César ne comprenait pas que son père ait pu quitter sa Provence natale.

– Pourquoi es-tu parti de Salon ? Quelle drôle d'idée d'être allé à Agen !

– Il y avait alors dans cette ville un très illustre homme de lettres du nom de César de l'Escalle qui se faisait appeler Scaliger. C'était un homme d'une immense érudition. Un ami de mon grand-père, qui l'avait rencontré à Agen, m'avait affirmé que j'aurai grand profit

1. Voir note 2, p. 85.

à connaître ce savant. Je me décidai donc à quitter Salon.

Malgré des efforts désespérés pour garder les yeux ouverts, César commençait à s'endormir. Son père s'en aperçut.

– Tu as sommeil, lui dit-il. Va te coucher. Demain je continuerai à te raconter mon séjour à Agen. Et puis nous irons nous promener à Aix-en-Provence et nous rendrons visite à ton oncle Jean, procureur au Parlement de Provence.

Nostradamus fit descendre César jusque dans la chambre où il couchait avec ses frères Charles et André. Puis il remonta dans son cabinet de travail, ferma la porte à clé derrière lui et sortit sur sa petite terrasse pour faire des observations et des calculs. Il contempla Orion et le Dauphin. Voyant cette immensité, il se dit que l'homme n'était qu'une minuscule particule de l'univers ; qu'il avait eu beaucoup de chance d'avoir accès à une partie de cet espace incommensurable et à un petit morceau du temps. Mais, songeait-il, combien il était difficile de transmettre cette connaissance aux autres hommes !

Le lendemain matin, Nostradamus et César prirent la route d'Aix-en-Provence. Le soleil resplendissait, mais l'air était froid et la nature encore engourdie sous une mince couche de gelée blanche. César, pelotonné dans les vêtements chauds que lui avait fait mettre sa mère, appuyait son dos contre son père pour ne pas avoir froid. Chemin faisant, Nostradamus reprit son récit.

– La nuit dernière, je t'ai parlé de Scaliger. Il me rappelait beaucoup Marsilio Ficino.

– Qui était-ce ? demanda César.

– Un grand érudit italien qui vouait une admiration sans bornes à Platon, au point qu'il avait créé à Florence une académie platonicienne. Son père était médecin de Cosimo de Medicis ; autrement dit, il faisait partie de l'élite florentine au siècle dernier. Tu sais, ces grands sages sont tous jaloux de leurs connaissances. Ils n'aiment pas les transmettre à n'importe qui, non par orgueil, mais parce qu'ils pensent que certains savoirs ne sont pas à divulguer, étant donné le mauvais usage qui pourrait en être fait.

– Scaliger t'a-t-il tout de même confié certaines choses ?

– Lui aussi avait voyagé en Italie. Il en avait rapporté des textes de Galien inconnus en France et en avait traduit une bonne partie.

– Galien ? C'est bien un médecin grec [1] ?

1. Galien (v. 131-v. 201) vivait à Pergame.

– Oui, un personnage intéressant mais bizarre. Mon ami Scaliger avait, en particulier, des documents concernant des observations peu orthodoxes au regard des théories de la médecine actuelle. Il disséquait les animaux et avait ainsi étudié en détail l'anatomie des mammifères.

César s'étonna.

– Qu'y avait-il de contraire à l'enseignement de l'Église ?

– Galien pensait que les esprits animaux remplacent l'âme.

– Mais c'est hérétique ! s'écria César.

– Non, pas pour la mythologie grecque. Il fut néanmoins un grand médecin. Il quitta Rome décimée par une épidémie de peste, en 168, et alla rejoindre Marc-Aurèle qui combattait les Germains. Mais il ne parvint pas à empêcher la maladie de se répandre.

– Il n'avait donc pas compris, comme toi, comment elle se transmettait ?

– Non. Il a d'ailleurs laissé la réputation d'un homme peu courageux ; lorsqu'il y avait une épidémie de peste, il fuyait la ville.

– C'est pour ça qu'il a quitté Rome en 168 ?

– Exactement ! Son œuvre n'en est pas moins immense et fondamentale. En outre, il a écrit de nombreux ouvrages philosophiques fort intéressants. J'ai moi-même traduit la *Paraphrase sur l'exhortation de Ménodote aux études*

des bons arts, mêmement médecine[1]. Scaliger m'avait confié d'autres textes. Non seulement je n'ai pas voulu les faire imprimer, vu le tort qu'ils pourraient me causer, mais ils font de plus partie des écrits que j'ai brûlés.

– Quel dommage ! s'écria César.

– Crois-moi, il vaut mieux que j'emporte dans la tombe les connaissances que j'ai acquises dans ces ouvrages. Le temps viendra où l'on redécouvrira ce que Galien et moi-même avons trouvé pour le plus grand bien de la médecine. Mais ce ne sera pas avant plusieurs siècles. Les découvertes scientifiques seront utilisées par les hommes avides de pouvoir pour créer et utiliser des armes de plus en plus destructrices. Et elles ne n'empêcheront pas que l'obscurantisme nuise toujours aux hommes, jusqu'à l'âge d'or. À ce moment-là, il n'y aura plus d'antagonisme entre la spiritualité retrouvée et le monde de la matière.

Voyant l'étonnement de son fils, Nostradamus se rendit compte qu'il s'était laissé emporter dans un discours bien savant pour un enfant de douze ans. Il se reprit :

– La paix n'est pas près de régner.

1. Cette traduction fut imprimée en 1557 par le typographe Antoine de Rosne.

– C'est pour ça que tes quatrains sont terrifiants.

– Oui. Mais aussi pour amener les rois et les pouvoirs à réfléchir sur leurs responsabilités dans les carnages qu'ils engendrent.

César pensa aux guerres civiles et étrangères qu'il avait étudiées : guerres médiques, du Péloponnèse, puniques, invasions barbares du début de l'ère chrétienne, conquêtes de l'Islam, Alexandre le Grand, Hannibal, Attila, Gengis Khan, Mahomet II s'emparant de Constantinople dans un bain de sang en 1453, tous ces conflits et ces hommes de guerre défilaient dans sa mémoire et s'entrechoquaient. Il sortit de cette vision cauchemardesque.

– Plaute[1] avait bien raison de dire que l'homme est un loup pour l'homme ! dit-il doctement à son père.

– L'homme est bien le pire ennemi de l'homme. Mais il n'en sera pas toujours ainsi. Quand il aura provoqué assez de catastrophes pour mettre la terre elle-même en danger de mort, il finira par en prendre conscience et établir la paix dans le monde entier.

– Mais la terre va-t-elle se venger, père ?

– Oui. La nature viendra ajouter son lot de

1. Poète comique latin (250-184 av. J.-C.)

morts et de destructions à celle des hommes. Ainsi, avant cette période d'abondance tant spirituelle que matérielle, avant ce dernier grand conflit dont je t'ai livré quelques éléments, *il y aura une grande translation au point que l'on croira que la terre a perdu son perpétuel mouvement et sur ces entrefaites naîtra la plus grande pestilence que des trois parts du monde plus que des deux défaudront ; à tel point qu'on ne connaîtra plus le propriétaire des champs et des maisons et que l'herbe poussera dans les rues des villes plus haute que les genoux.*

César n'arrivait même pas à imaginer un tel spectacle de désolation.

– Plus des deux tiers des hommes, mais c'est impossible ! Même la peste n'en fait pas autant !

– Tu te rappelles qu'il y a soixante-douze ans, Christophe Colomb a découvert l'Amérique en partant de Palos, en Andalousie, avec trois caravelles. Il ne mit que soixante-cinq jours pour atteindre ce nouveau territoire.

– Oui. Et alors ?

– Eh bien ! les caravelles sont aujourd'hui plus rapides et tiennent mieux la mer que les trières [1] inventées par Aminoclès huit siècles avant notre ère. Dans quelques siècles,

1. Vaisseau de guerre, à trois rangs de rames superposés. Les Romains l'adoptèrent en lui donnant le nom de trirèmes.

l'homme se déplacera encore plus vite, beaucoup plus souvent et en beaucoup plus grand nombre.

– Je ne vois toujours pas !

– Patience ! César. En voyageant partout, il transportera avec lui des maladies. Pas celles d'aujourd'hui, mais de nouvelles encore plus destructrices. Je ne connais pas le nom de ces nouveaux miasmes. Je ne les ai pas vus, mais j'ai assisté aux ravages qu'ils causaient. C'est pour ça que je parle de pestilence et non de peste.

Une sorte d'état second venait de s'emparer de Nostradamus.

– Tu n'as pas l'air bien ! Cette grande pestilence dont tu parles, et que tu as citée dans un quatrain concernant une guerre en Occident te terrifie-t-elle ?

– Non, car le quatrain auquel tu fais allusion concerne une guerre entre Gaulois et Germains, qui sera suivie d'une épidémie faisant plus de morts que la guerre elle-même. Est-ce celui-ci, César ?

L'horrible guerre qu'en Occident s'apprête,
L'an ensuivant viendra la pestilence[1]...

Ce n'est pas de cette guerre dont il s'agit,

1. Centurie IX, quatrain 55. La pandémie de 1918-19 fit quinze millions de morts.

mais de celle que j'ai vue pour 1999 entre l'Orient et l'Occident.

Tout ce que César venait d'entendre lui faisait peur. Pour faire digression, il rappela à son père que, la veille, il lui avait promis de lui parler de son séjour à Agen. Aussi, il demanda :

– Et ta vie à Agen ? Tu n'en parles plus !

Nostradamus garda le silence quelques instants. Il se revoyait dans cette ville où il avait connu un merveilleux bonheur, bien qu'éphémère. C'est donc avec beaucoup d'émotion qu'il dit à César :

– Ah oui ! Ma première femme était très belle. Elle a été le grand amour de ma vie. Jamais je n'ai pu me consoler de sa disparition brutale ainsi que de celle des deux beaux enfants qu'elle m'avait donnés. C'est surtout à cause de ce grand malheur que j'ai mené pendant quelques années une vie errante, de réflexion et de méditation.

– Et après Agen ?

– Je suis allé voir le curé qui nous avait mariés et qui avait baptisé nos deux enfants. Il m'a conseillé d'aller faire une retraite au couvent d'Orval près de la frontière belge. Le voyage fut long et pénible tant ma douleur était grande. À mon arrivée, les moines m'accueillirent avec une chaleur humaine indicible. Non que mon immense peine disparut, mais l'ambiance recueillie, sereine, spirituelle et charitable de cet établissement religieux atténua mon état mélancolique. Le matin j'allais à la messe avec les moines. La prière, en nous retranchant du monde, nous apportait la sérénité. J'avais, dès mon arrivée, signalé que je souhaitais avoir accès aux livres rares de la bibliothèque dont m'avait parlé le curé d'Agen. Les moines mirent tous les livres à ma disposition. Quels trésors d'histoire, de géographie, de mathématiques, d'astronomie, de médecine ! Certains étaient en italien et ne me posaient pas de problème, d'autres en allemand qu'un moine originaire de Colonia Agrippina[1] avait la gentillesse de me traduire. J'ai ainsi acquis de nombreuses connaissances dont je me suis aussi servi pour rédiger mes prophéties.

– Est-ce que le mot Orval a une signification ?

– À l'époque romaine cette cité s'appelait Aurea Vallis, la Vallée d'Or. Une nuit, en songe, j'ai vu deux événements proches l'un de l'autre. D'un côté, la monarchie chutait en 1792 dans un cortège de guerres et de massacres, et de l'autre, l'année suivante, mon abbaye brûlait, incendiée par des soldats san-

1. Nom romain de la ville de Cologne en Allemagne.

guinaires. J'ai consigné cet événement dans un quatrain[1].

Près de Quintin dans la forêt bourlis,
Dans l'Abbaye seront Flanans tranchés :
Les deux puisnays de coups mi-estourdis,
Suite oppressée et gardes tous achés[2].

Nostradmus marmonna encore un moment. César ne l'entendait plus, bercé par les cloches des églises et des couvents d'Aix-en-Provence que l'on commençait à apercevoir.

Arrivés dans la ville, Nostradamus et son fils se rendirent au Parlement. Sur leur pas-

1. Signalons que c'est la seule fois où Nostradamus utilise le mot « abbaye » dans toutes ses centuries, comme s'il n'y en avait jamais eu qu'une.

2. Traduction : *Près de Saint-Quentin, tourmentés dans la forêt, les Flamands seront décapités dans l'Abbaye. Les deux enfants puînés (Louis XVII et sa sœur) seront étourdis de coups ; la suite (de Louis XVI) sera tourmentée et ses gardes exécutés.* (Quatrain 40, IXe Centurie.)

En ancien français bourli signifie tourmenté. Ce quatrain concerne la guerre entre les armées révolutionnaires et la Hollande (Flamands) en 1792, avec l'annexion de la Belgique et de la Rhénanie, ainsi que la prise des Tuileries et le massacre des gardes suisses (« 600 Suisses tués et quelques *gardes* nationaux, sans compter *les serviteurs* du roi. » Pierre Miquel, *La Grande Révolution,* Plon.) L'Abbaye d'Orval, proche de la frontière française en Belgique, fut entièrement brûlée par le général Beauregard en 1793. Louis XVII et sa sœur, enfermés dans la prison du Temple, étaient les 2e et 3e enfants de Louis XVI. L'aîné, Louis dauphin, était mort en 1789. On sait quels mauvais traitements subirent les deux enfants.

sage quelques Aixois reconnurent le médecin victorieux de la peste de 1546. Certains lui lancèrent quelques « merci Maistre de Nostre-Dame ». César en fut flatté. Il ressentit une grande fierté d'être le fils d'un homme aussi illustre.

Réfléchissant à cette façon sympathique dont l'auteur de ses jours était traité, il lui dit :

– Eh bien père ! effectivement on t'aime mieux ici qu'à Salon.

– Que oui ! Tu comprends pourquoi j'ai donné aux Salonnais le qualificatif de bêtes brutes et barbares [1].

Arrivé devant la porte du Parlement de Provence, Nostradamus saisit le marteau de bronze fait de deux dauphins affrontés autour d'une boule et frappa deux coups. Un huissier ouvrit.

– Pourrions-nous voir M. le procureur Jean de Nostre-Dame ?

– Qui dois-je annoncer ? demanda l'huissier sur un ton qui se voulait solennel malgré un accent provençal très prononcé.

– Son frère Michel de Salon-de-Provence et son neveu César, répondit Nostradamus.

---

1. *Ici* (à Salon) *où je fais ma résidence, je suis logé pour la faculté de quoi je fais profession,* (la médecine) *entre bêtes brutes et gens barbares, ennemis mortels de bonnes lettres et de mémorable érudition. Traité de confitures et des fardements.*

– Attendez quelques instants, dit l'huissier en refermant la porte.

L'attitude et le ton empruntés de l'huissier amusèrent beaucoup César.

– Ces Aixois n'ont pas l'air de se prendre pour rien ! dit-il à son père.

– Nous sommes dans la capitale de la Provence et je crois qu'ils ont le souci de le faire savoir, surtout quand on vient de Salon, et mieux encore de Marseille.

L'huissier revint, drapé dans une dignité surfaite.

– Monsieur le procureur de la souveraine Cour du Parlement de Provence, Jean de Nostre-Dame, vous attend. Si vous voulez bien me suivre.

L'homme les précéda dans le grand escalier de pierre. César ne pouvait s'empêcher de rire. Ses gloussements firent retourner son père qui lui lança une œillade réprobatrice. L'huissier frappa à la grande porte en noyer ouvragée du bureau du procureur. On entendit un « entrez ! » assourdi par l'épaisseur du bois. Jean de Nostre-Dame s'était levé pour accueillir son frère. Il lui fit une accolade et embrassa César.

– Quelle bonne surprise de me rendre visite ! Voilà bien longtemps qu'on ne s'est vu !

– Ces dernières années, répondit Nostradamus, je me suis beaucoup déplacé et j'ai été très occupé. J'ai partagé mon temps entre les visites à la Cour de Catherine de Médicis, mes séjours à Lyon pour surveiller la typographie de mon recueil de prophéties et enfin mes malades de Salon et des environs.

– Je ne te fais aucun reproche, lui dit son frère. J'aurais pu venir te voir, mais cette charge parlementaire est très prenante et la Provence est une grande région assez difficile à administrer. Ses habitants aiment tant la procédure. J'ai su que tes centuries rencontraient un grand succès. Tu ne peux savoir combien je m'en réjouis.

– Je suis très touché par cette marque sincère d'affection. J'aurais aimé que Bertrand et Antoine fassent de même[1].

– « Il est peu d'hommes enclins à rendre hommage, sans quelques mouvements d'envie, au succès d'un ami[2] ». Alors en famille, cela peut être pire !

Le visage de Nostradamus s'était assombri. Il avait beaucoup de difficultés à accepter la bassesse et la mesquinerie dans sa propre famille. Concernant celle des habitants de

1. Lors de la parution des premières centuries, chez Macé-Bonhomme à Lyon en 1531, les deux frères de Nostradamus se sont rangés dans le camp des détracteurs.

2. Eschyle, (425-456 av. J.-C.), *Agamemnon.*

Salon, il en avait pris son parti ; mais l'attitude hostile de deux de ses frères lui était toujours pénible.

– Oublions tout ça, dit-il.

César avait écouté sagement, sans rien dire. Cependant les propos de son père au sujet de ses deux oncles Bertrand et Antoine le mettaient mal à l'aise.

– Dites-moi mon oncle, quand viendrez-vous nous voir à Salon ? Mon père prétend qu'il va bientôt nous quitter. Cette idée me fait peur et je refuse d'y croire.

Jean de Nostre-Dame fronça les sourcils, regarda son frère d'un œil réprobateur.

– Je ne comprends pas que tu aies pu dire une chose pareille à cet enfant.

– La mort sur terre n'est qu'un changement d'état. Notre corps meurt et disparaît, mais notre âme demeure. Sauf si nous consacrons notre vie au culte du veau d'or, c'est-à-dire à la recherche exclusive de la richesse et de la puissance. Toutefois, comme je l'ai écrit dans un quatrain, au début du septième millénaire ceux qui sont entrés dans la tombe en sortiront.

– Dis-nous ce quatrain.

Nostradamus sortit son opuscule de sa poche. Il ne le quittait jamais. Chaque fois qu'il rencontrait quelqu'un, parent, ami ou curieux, on lui posait des questions sur ses prophéties ; on lui demandait ce qui allait arriver. Il fit remarquer qu'il connaissait presque tous les quatrains sur le bout des doigts, mais que de temps en temps il avait quelques défaillances de mémoire et qu'il se reférait alors à son livre. Il se mit à le feuilleter, parvint à la dixième centurie et s'arrêta au quatrain 74. Il lut :

– *Au révole du grand nombre septième,*
Apparaîtra au temps jeux d'Hécatombe :
Non éloigné du grand âge millième
Que les entrés sortiront de leur tombe.

César était tout excité, car son père lui avait déjà expliqué et commenté ce texte.

– Moi je sais ! moi je sais ! Je crois que mon oncle a besoin de quelques éclaircissements, dit-il, non sans quelque malicieuse fierté.

Jean de Nostre-Dame était désorienté par ce qu'il venait d'entendre.

– Lorsque l'humanité sera à la veille du septième millénaire selon la chronologie de la Bible, c'est-à-dire après l'année 2000, il y aura une grande conflagration qui dépeuplera en partie la terre. C'est pourquoi j'ai utilisé le mot « hécatombe ». Après que cette dernière guerre aura duré vingt-sept ans, l'âge d'or reviendra, l'esprit l'emportera sur la richesse et la puissance, et ceux dont l'âme était morte sortiront de leur sépulcre de matérialisme.

Le procureur était troublé, mais cela lui paraissait bien lointain.

– Ce grand âge millième ? De quoi s'agit-il ? questionna-t-il.

César n'y tenait plus.

– C'est une allusion à l'Apocalypse de Jean, mon oncle.

– Tu as tout à fait raison César. Satan, le corrupteur, le destructeur, le menteur, comme je le nomme, celui qui fait s'entre-tuer les hommes depuis des millénaires, doit être enchaîné pendant mille ans. Ces dix siècles correspondent en gros au septième millénaire.

– C'est la fin des guerres, dit Jean de Nostre-Dame. C'est fantastique ! on n'a jamais connu ça.

– Oui, mais notre joie doit être tempérée par les morts et les destructions que provoquera une dernière guerre aggravée par une terrible épidémie.

– Cela ne nous concerne pas, dit Jean.

– Non, par contre tu verras encore beaucoup de massacres ; catholiques et protestants n'ont pas fini de s'entre-tuer. Tu connaîtras l'un de ces carnages qui se produira dans quelques années un 24 août[1], mais, moi, je ne serai plus là pour le voir. J'ai rédigé un sixain concernant cet événement, mais je ne l'ai pas daté.

– À quoi sert-il de le connaître ? demanda Jean.

– Les événements et leur enchaînement sont bien plus importants que le moment où ils se déroulent. Leurs causes et leurs effets s'étalent dans le temps. C'est pourquoi j'ai mis très peu de dates dans mes prophéties.

Il faisait nuit. Il était bien trop tard pour que les deux visiteurs repartent pour Salon. Jean de Nostre-Dame leur proposa donc le gîte et le couvert. Les questions sur l'avenir se poursuivirent autour d'une table bien garnie dans le salon de l'hôtel particulier où le procureur était logé. La chaleur d'un grand feu dans la cheminée de pierre rayonnait dans la pièce. La conversation entre les deux frères dura tard dans la nuit. César dormait depuis longtemps.

---

1. Nostradamus fait allusion à la Saint-Barthélemy (24 août 1572) annoncée dans le sixain 52. Jean est mort en 1577.

Chapitre III

Le zénith

Quelques jours avaient passé et avaient été mis à profit pour préparer la fête de Noël. Anne et les enfants avaient décoré la maison. La crèche avait été confectionnée et placée dans une niche dans laquelle se trouvait d'habitude une lampe à huile. Nostradamus la contempla un instant. Puis il rassembla ses six enfants autour de lui. Il s'assit et prit sur ses genoux ses deux dernières filles Anne et Diane âgées de six et trois ans. Madeleine, César, Charles et André se serrèrent contre lui.

– Voulez-vous que je vous raconte l'histoire de la crèche ?

– Oh oui ! Oh oui ! dirent d'une seule voix les enfants.

– Je la tiens des pères franciscains qui me reçurent à Assise, lors d'un voyage en Italie. En 1220, six ans avant sa mort, pour illustrer l'Évangile de Luc, saint François demanda à un noble italien nommé Giovani de dresser, dans la vallée de Greccia, une crèche mettant en scène la sainte Vierge, saint Joseph, les bergers et les mages.

César interrompit son père :

– Les mages ? demanda-t-il.

– Le mot *magoush* désignait en perse les prêtres appartenant à l'une des castes du peuple mède et aptes à exercer les cérémonies du culte. Ils étaient aussi prophètes et rois. Mais aujourd'hui ce mot n'a plus du tout le même sens. Il y a déjà quatre siècles environ que la magie est diabolique ; elle va de pair avec la sorcellerie. Je sais que plus tard on me parera du titre de mage, alors que je ne suis ni prêtre, ni magicien.

Le mot diabolique avait surpris César.

– Alors, c'est dangereux la magie ?

– Oui. *Et je te supplie, ô mon fils, de ne jamais employer ton entendement à ses rêveries et vanités qui dessèchent le corps et entraînent la perdition de l'âme et notamment la vanité de la plus qu'exécrable magie réprouvée jadis par les saintes Écritures et par les divins Canons*[1]. Les mages de la crèche n'ont donc rien à voir avec ceux d'aujourd'hui. Ces prêtres étaient aussi des devins. Trois d'entre eux savaient qu'un enfant allait naître pour le

1. *Lettre à César.*

salut du monde et qu'une étoile les guiderait jusqu'au lieu de sa naissance. Ils se rendirent donc jusqu'à Bethléem avec des présents.

Nostradamus avait déjà donné à son fils des rudiments d'astronomie, mais celui-ci ne savait pas encore que le déplacement d'une étoile n'était qu'apparent.

– De quelle étoile s'agissait-il ? demanda-t-il.

– Pas une étoile, une comète sans doute. J'ai beaucoup étudié ces astres errants. Tu te rappelles, j'en ai observé un très brillant et très spectaculaire en 1535. Ce fut un spectacle magnifique.

– Encore des événements très lointains ! dit César dépité. Je préférerais que tu reprennes le récit de ta vie.

Anne comprit que son mari désirait rester seul avec leur fils aîné.

– Ne fais pas coucher César trop tard, lui dit-elle.

– Ne t'inquiète pas ; il faudra le laisser dormir plus longtemps demain matin.

Le rituel initiatique du père et du fils recommença. Ils reprirent l'escalier qui menait au cabinet de travail. La lampe de bronze fumait toujours, César assis et Nostradamus parlant doucement.

– Après avoir maîtrisé plusieurs épidémies de peste, je me suis de nouveau rendu dans l'Est de la France. J'ai été exprimer ma gratitude aux moines d'Orval. À Bar-le-Duc j'ai soigné plusieurs personnes dont une Mlle Terry, notable de la ville. Outre l'exercice de mon métier, j'ai exhorté les gens qui venaient me consulter à résister à l'hérésie de Luther, à ne pas laisser ses adeptes s'installer dans la cité. L'Allemagne était à quelques lieues et ses idées commençaient à se répandre.

– Toi qui vois l'avenir, est-ce qu'il fera beaucoup d'adeptes ? demanda César.

– Oui. Mais, dans bien longtemps, les disciples de Calvin qui ont embrasé la France dans les guerres de religion se réuniront avec les catholiques sous la seule appellation de chrétiens.

– Donc les guerres de religion vont cesser.

– Malheureusement pas tout de suite !

César se rappela tout à coup que son père lui avait beaucoup plus parlé de Luther que de Calvin. Il lui avait même consacré un quatrain qui s'était réalisé en 1556, peu de temps après sa publication.

– Luther ? Est-ce bien lui que tu as appelé « le grand Wittemberg » ?

– Très bien, César ! Je vois que tu retiens un certain nombre de choses que je t'enseigne ; mais tu as oublié quelque chose : cette expression désigne également le prince de

Saxe qui a trahi Charles Quint parce que tous deux sont enterrés dans l'église de l'université de Wittemberg[1].

– Après Bar-le-Duc qu'as-tu fait ?

– Tiens ! À propos de cette région, je vais te raconter une soirée passée au château de Fains, près de Bar-le-Duc, où je me suis bien diverti. M. et Mme de Florinville m'avaient invité pour recevoir des conseils en médecine et en fardements. Je fus somptueusement reçu. J'étais arrivé en fin de matinée et M. de Florinville décida de me faire visiter son domaine. Il me montra tout d'abord son

1. Centurie VI, quatrain 15 :
Dessous la tombe sera trouvé le Prince,
Qu'aura le prix par-dessus Nuremberg :
L'espagnol roy en Capricorne mince.
Feint et trahy par le grand Wittemberg.

En ancien français le substantif *tombe* signifie chute. « En Capricorne » fait allusion au fait que le soleil est dans le Capricorne du 21 décembre au 19 janvier.

En 1532 avait été signée la paix de Nuremberg entre les princes protestants et Charles Quint, empereur d'Allemagne et roi d'Espagne. Maurice de Saxe, après avoir favorisé la proclamation de l'intérim d'Augsbourg peu favorable aux protestants, trahissait l'Empereur en 1552 ; celui-ci abdiquait quatre ans plus tard le 16 janvier 1556.

Traduction : dessous la chute (du roi) on découvrira (les manigances) du prince (Maurice de Saxe) qui affirmera la valeur du traité de Nuremberg. Le pouvoir du roi d'Espagne s'amincira sous le signe du Capricorne, après avoir été trahi par le grand personnage de Wittemberg (le luthérien Maurice de Saxe).

magnifique parc ombragé par de nombreux arbres séculaires. Puis, après notre visite du sous-bois, nous passâmes devant la porcherie. À côté d'une énorme truie se vautraient dans la boue deux petits cochons de lait ; l'un était noir, l'autre blanc. M. de Florinville, pour me mettre à l'épreuve, me demanda de prédire l'avenir de ces deux porcelets. J'eus la tentation de lui dire que mes visions ne portaient pas sur ce genre de balivernes. Je me ravisai et lui répondis : « Nous mangerons le noir et le loup dévorera le blanc. » Ce châtelain prétentieux et futile ne crut pas ce que j'annonçais et, pour me faire tromper, demanda au cuisinier de nous préparer le porcelet blanc pour le dîner. Celui-ci tua donc le petit cochon blanc, le prépara et le laissa sur la table de la cuisine, prêt à cuire. Il quitta sa cuisine un moment. Pendant son absence, un louveteau de belle taille, qu'on gardait pour l'apprivoiser, réussit à quitter son enclos, entra dans la cuisine et dévora tout l'arrière-train du porcelet. Le cuisinier revint et découvrit le carnage. Craignant une punition de ses maîtres, il s'empressa de faire disparaître les restes du petit cochon blanc et alla tuer le noir. Il le prépara et, le soir, le porta sur la table. M. de Florinville, sûr de lui et triomphant, me dit : « Alors maistre de Nostre-Dame ! nous allons manger le porcelet blanc, car le loup n'y a pas touché. Votre prétendu don de voyance n'est pas auss infaillible qu'on le dit. » Cette prétention et cette vanité de châtelain m'agacèrent, mais je ne le manifestai pas. « C'est le porcelet noir que nous allons manger et non le blanc », répondis-je. M. de Florinville me toisa d'un air supérieur. « Je vais vous prouver le contraire », me lança-t-il. Il appela le cuisinier qui entra dans la salle à manger traînant les pieds et l'air penaud. « Quel est le porcelet que tu nous as servi ? » lui demanda son maître, sûr de la réponse qui allait confondre son hôte. Le cuisinier bredouilla d'une voix cassée quelques mots incompréhensibles. M. de Florinville s'énerva et lui demanda de répondre à sa question. Le cuisinier expliqua que, pendant son absence de la cuisine, le louveteau y avait pénétré et avait dévoré une grande partie du petit cochon blanc, que de peur de se faire crier par son maître, il avait tué le porcelet noir et que c'était donc ce dernier qui était sur la table. M. de Florinville vexé et agacé par la réalisation de ma prévision demanda au cuisinier d'emporter le porcelet à la cuisine et de servir un autre mets. Ainsi, il pensait que de toute façon, il me ferait tromper en ne mangeant ni le porcelet noir ni le blanc !

César éclata de rire.

– Le lendemain matin, après avoir dormi

au château, j'ai repris la route de Bar-le-Duc non sans avoir remercié M. et Mme de Florinville pour leur hospitalité. Le maître de maison me salua assez sèchement et l'air crispé ; il semblait ne pas avoir bien digéré les deux porcelets que nous n'avions pas mangés... Quant à Mme de Florinville, nettement plus fine que son mari, elle me remercia pour mes conseils, et avec un sourire complice me dit :

– Au revoir, maistre de Nostre-Dame, à très bientôt, j'espère. Revenez quand vous le voulez. Nous tâcherons de vous préparer un meilleur repas que celui d'hier soir !

Cette histoire avait ravi César. Elle confortait l'admiration sans réserve qu'il avait pour son père.

– Comme tu as voyagé ! soupira-t-il.

– Après Bar-le-Duc, je me suis rendu à Vienne, près de Lyon. Là, j'ai rencontré un certain Hyeronymus Montus, homme cultivé, de grande qualité, ainsi que Franciscus Marius, âgé d'une vingtaine d'années. Tous deux étaient d'excellents médecins et m'ont permis de me perfectionner en les accompagnant auprès de leurs malades. Nos échanges furent très fructueux. Mais celui qui m'apporta le plus, c'est sans conteste Franciscus Valeriola. Je l'avais connu à la faculté de Montpellier, où il arriva quand je la quittai en 1529. J'eus grand plaisir à le revoir. J'avais appris qu'il avait soigné avec une grande sollicitude des pestiférés à Arles et qu'il était parvenu à enrayer l'épidémie. Nous échangeâmes nos expériences respectives au sujet de cette terrible maladie. Je lui ai rendu hommage dans mon *Traité des fardements et confitures.*

Nostradamus prit l'opuscule qui se trouvait devant lui, le feuilleta et lut :

> *– Je ne sais si le soleil, à trente lieues à la ronde, voit un homme plus plein de pouvoir que lui.*

– Eh bien, dit César, tu l'as vraiment beaucoup flatté.

– C'était tout à fait mérité. Outre la médecine, il avait aussi fait de brillantes études de philosophie à Paris. Il m'apporta beaucoup et particulièrement des méthodes de réflexion et de remise en question des canons admis par l'ensemble des hommes.

– Tu as eu beaucoup de chance de rencontrer tant de gens érudits, remarqua César.

– Oui, certes. Mais ce sont mes nombreux voyages qui m'ont permis tous ces échanges. D'ailleurs, après Vienne et Valence, je suis revenu en Provence, non sans avoir fait un nouveau crochet par l'Italie, cette terre gorgée des richesses artistiques et intellectuelles où l'humanisme a été enfanté par la foi chrétienne.

– C'est en Provence que tu as acquis ta notoriété de médecin ?

– Là encore, en 1544, j'ai eu la chance de rencontrer un de mes confrères qui excellait dans notre art. Il s'agit du praticien Louis Serres, *d'une perspicacité et d'un savoir hippocratique*[1]. Nous avons étudié ensemble la peste sur le terrain et soigné les pestiférés, à Marseille en particulier. Ce n'est que deux ans plus tard que les Aixois ont fait appel à moi. Nos succès à tous deux avaient eu un grand retentissement dans cette cité. C'est à ce moment-là que j'ai fait la connaissance du très illustre apothicaire, *le pur et sincère Joseph Turel Mercurin qui surpassait tous ceux que j'ai fréquentés dans mes voyages pour exercer mon métier et connaître la qualité des gens*[2]. Celui-ci m'a secondé dans mon travail.

– Raconte-moi comment cela s'est passé à Aix, demanda César.

– *La peste commença le dernier jour de mai et dura neuf mois tout entiers, pendant lesquels les gens mouraient en mangeant et buvant sans comparaison avec d'autres temps, au point que les cimetières étaient si pleins de corps morts qu'on ne savait plus dans*

1. *Traité des confitures.*
2. Id.

quel lieu sacré les enterrer. La plus grande part d'entre eux tombaient en frénésie au second jour ; ceux qui étaient atteints de frénésie n'avaient point de taches, mais ceux qui avaient des taches mouraient subitement. Une fois mort, le pestiféré était couvert de taches noires. La contagion était si violente et si maligne que si l'on approchait un pestiféré à moins de cinq pas, on était atteint ; plusieurs présentaient du charbon devant et derrière et ne survivaient que six jours. Les saignées, les médicaments cordiaux étaient inefficaces. Après avoir visité toute la ville et jeté dehors les pestiférés, le lendemain il y en avait encore plus[1].

César écoutait ce récit dans un silence de mort. Le ton de son père était si grave pour lui raconter ce qu'il avait vécu à Aix qu'il en était glacé de terreur.

– C'est épouvantable ! dit-il. Quelle terrible malédiction pour une cité !

– Malédiction ou pas, j'exerçai mon métier de médecin avec le dévouement qu'il commande. Je crois qu'il est difficile d'imaginer ce que ce fût. *La mort était si subite que le père ne tenait plus compte de son enfant. Plusieurs personnes contaminées se jetaient dans des puits ou par la fenêtre. D'autres qui avaient le charbon derrière l'épaule ou sur le sein se mettaient à saigner du nez nuit et jour jusqu'à ce qu'ils meurent. Pour résumer,*

1. *Bâtiment de plusieurs recettes – Remèdes pour la peste.* D. Rigaud, Lyon, 1590.

la désolation était si grande qu'avec de l'or et de l'argent dans la main, on mourait souvent faute d'un verre d'eau[1].

Cette description effrayante de l'épidémie décuplait l'angoisse qui avait envahi César.

– César, la mort et la vie sont notre lot à tous. Tiens ! *entre autres choses admirables que je pense avoir vues à Aix, c'est une femme qui m'appela par sa fenêtre. Je vis qu'elle était en train de se coudre sur elle un linceul en commençant par les pieds. Je vis venir les alarbres*[2]. *Je voulus entrer dans la maison. Je la trouvai morte avec son suaire à demi-cousu.*

Le visage de César était tétanisé par l'effroi. Il eut quelque difficulté à ouvrir la bouche :

– Raconte-moi quelque chose de moins horrible, s'il te plaît.

– *Durant le cours furieux de ces contagieuses calamités, on vit dans la ville un religieux des marches d'Italie en habit et robe d'ermite. Il était couvert d'une simple casaque de treillis noir qui lui battait jusqu'aux genoux, allant ordinairement pieds nus, avec un crucifix au travers de la ceinture : astuce merveilleuse du démon infernal qui l'agitait. Sa stature était haute et droite, non chargée de graisse, ses membres bien ordonnés, son front grand et chauve, son nez aquilin, sa barbe bien nourrie et quelque peu*

1. *Bâtiment de plusieurs recettes – Remèdes contre la peste.*
2. Ceux qui enterrent les pestiférés (provençal).

teintée de gris. Marques de vérité qui pouvaient attirer un tel homme vers des choses honorables et grandes, s'il eût voulu correctement user du doux aspect des astres favorables à sa naissance et ne point dépraver ainsi les hauts dons de la nature et du Ciel par une volonté tournée vers le mal, complètement méchante et corrompue. Sa profession, au moins en apparence, était de suivre les lieux contagieux et atteints par la peste pour le seul honneur de Dieu, sans prendre d'autre salaire que sa vie. En outre, suivant les dires du commun, il était si expérimenté en ces choses-là que, du premier regard seulement, il reconnaissait les blessés et, qui plus est, les draps et les lignes infectés ou touchés de telle ordure. Cet homme gagna tant de réputation et grava une telle opinion de foi au cœur du menu peuple et de plusieurs honorables citoyens et sénateurs, qu'on l'appelait haut et clair le saint ermite. Avec un titre tant spécieux et vénérable, une infinité de personnes, non seulement en Provence mais dans des villes et contrées voisines, le reçurent en leurs maisons et cabinets comme un Paul ou un Antoine qui furent les premiers et très renommés anachorètes[1], *saints habitants du désert, avec cette même inscription, bien qu'il ne fût qu'un abuseur et un cauteleux sorcier, comme sa fin le démontra. Mais il cachait sous cette peau de brebis les membres, la chair et les dents d'un loup sauvage, de sorte qu'à la fin, étant surveillé,*

1. Personnes qui se retirent dans la solitude pour se livrer à la vie contemplative.

découvert, accusé et prévenu d'infinies méchancetés, vénéfices[1], *paillardises, gourmandise et sortilèges, et même d'avoir entretenu la maladie un si long temps, il fut, pour commencement de sa sainteté, canonisé des mains d'un bourreau, publiquement ards*[2] *et mis en cendres, à la grand'place des Jacobins, par un arrêt juste et souverain du Sénat. Sa putain, pour le consoler en cette funeste fortune, fut rudement fustigée jusqu'au sang par tous les cantons et carrefours de la ville. Digne triomphe de ses victoires ! Petit ne fut pourtant pas le bruit qui courut par la bouche des hommes, de langue en langue, qu'un grand roi l'avait envoyé (chose indigne d'être pensée et d'entrer au cœur d'un monarque) pour affaiblir par une si abominable et diabolique intention, les forces de la Provence, qu'il attendait d'envahir facilement, la trouvant ainsi déserte, et presque à l'abandon*[3].

– *Quau mal-crebado*[4] *!*

– *Se lou meritavo*[5] *!* répliqua Nostradamus.

– Et après Aix-en-Provence ? demanda César.

– On m'a demandé de me rendre à Lyon où la peste faisait aussi des ravages. Ça ne s'est pas bien passé, du moins au début, car

1. Empoisonnement accompagné de sortilèges.
2. Du latin *ardeo,* brûler.
3. Extrait de *Histoire et chroniques de Provence* de César Nostradamus.
4. *Quelle mauvaise fin !* (provençal).
5. *Il l'avait mérité !* (provençal).

il y avait alors un médecin du nom de Sarrazin, fort orgueilleux, sûr de lui et qui prétendit, dès mon arrivée, pouvoir arrêter seul l'épidémie. Malheureusement pour lui, ma compétence me valut la confiance et la ferveur du peuple de la ville. Ce Sarrazin ne voulut rien savoir. Les pestiférés vinrent alors me demander de les soigner en cachette. J'en soignai ainsi deux ou trois, puis je décidai d'en référer aux députés de la ville. Je les mis donc en demeure de choisir entre Sarrazin et moi, puisqu'il refusait toute collaboration. Comme j'avais l'opinion publique pour moi, les députés n'hésitèrent pas. La fureur de ce médecin n'eut d'égal que sa vanité.

– Est-ce que tu es souvent allé à Lyon ?

– Plus tard, plusieurs fois pour surveiller la typographie de mon recueil de prophéties. Je sais qu'il m'a échappé quelques fautes, mais pas assez pour que le codage et le rabotage de mon message prophétique en soient altérés. En 1559, je m'y suis rendu pour faire imprimer le livre que j'ai écrit pour lutter contre la peste[1].

– Est-ce que Lyon t'a plu ? demanda César.

– La ville ne manque pas de charme, ses ruelles étroites entre Saône et Rhône offrent

1. *Remède très utile contre la peste et toutes les fièvres pestilentielles.*

des tavernes sympathiques où l'on mange fort bien. Si j'ai apprécié le lieu, je n'en dirai pas autant de ses bourgeois, renfermés sur eux-mêmes, orgueilleux et maniérés. Ils considèrent que leur ville est la véritable capitale de la France, parce que son fondateur Munatius Plancus en avait fait le centre administratif et politique de la Gaule.

– Lyon est bien cité dans un de tes quatrains concernant la destruction de Paris ? demanda-t-il.

– Oui ! répondit Nostradamus, il concerne un événement lointain ; or, il semble que l'avenir éloigné ne t'intéresse pas beaucoup... Cependant, il annonce une catastrophe tellement énorme et choquante que je vais te le rappeler. Le voici donc :

« Dans Avignon tout le chef de l'Empire
Fera arrêt pour Paris Désolé :
Tricast tiendra l'Annibalique ire,
Lyon par change sera mal consolé[1].

« Je crois que celui-là est assez clair.

– Tu m'as déjà expliqué que tout ce qui concernait Hannibal et les Carthaginois représentait le monde ottoman, à cause de la haine que ceux-ci ont témoignée aux Romains lors

1. Centurie III, quatrain 93.

des guerres puniques. Mais Tricast, c'est quoi, père ?

– Le Tricastin ! mon fils, le Tricastin ! cette petite région de la vallée du Rhône sera une pomme de discorde entre la France et un pays islamique, avant la destruction de la capitale [1].

– Ah ! je comprends maintenant pourquoi Lyon se consolera difficilement du transfert de capitale à Avignon, dit César qui était un peu perdu. Et après cette étape à Lyon ?

– Je suis revenu en Italie voir mes amis au début de 1547. Lors de ce bref séjour, alors que mon cheval me portait vers Assise, je croisai un groupe de Franciscains et m'agenouillai humblement devant l'un d'entre eux en l'appelant « Votre Sainteté ». Les autres moines éclatèrent de rire, sûrs d'avoir à faire à un simple d'esprit. Je me relevai et, après avoir demandé son nom à celui devant lequel je m'étais prosterné, je lui dis : « Vous serez élu pape ! » Ils eurent, à cet instant, plus le moindre doute sur ma santé mentale et furent persuadés que j'étais un pauvre dément.

– Et a-t-il été pape ? demanda César.

– Pas encore. Mais Felice Peretti, tel est

1. En 1974, le shah d'Iran avait financé en partie l'usine d'enrichissement d'uranium du Tricastin. Après la révolution islamique en Iran, en 1978, Téhéran demanda le remboursement du prêt d'un milliard de dollars. Le litige ne fut réglé que huit ans plus tard, en 1986.

son nom, sera bientôt nommé cardinal avant de monter sur le trône de Saint-Pierre. Je ne serai plus là pour le voir, mais toi, tu vivras l'événement[1].

Pas une seconde César ne mit en doute cette prophétie que venait de lui faire son père. Il n'avait plus qu'à attendre.

– C'est bien à ton retour d'Italie que tu t'es installé à Salon-de-Crau ? questionna César.

– Les consuls de cette ville firent appel à moi car elle était dévastée par la peste. Mon nom leur était connu depuis l'épidémie d'Aix-en-Provence. Je me rendis donc dans cette cité et c'est en prodiguant mes soins et mes conseils que j'ai rencontré ta mère. Immédiatement nous nous sommes plu. Nous nous sommes mariés très vite, le 11 novembre 1547, par-devant son cousin germain qui était notaire. Elle avait repris son nom de jeune fille, Ponsard, car elle était la veuve d'un bourgeois de Salon nommé Jean Beaulme. Elle apportait une dot confortable. Avec l'argent que me rapportait mon métier de médecin, les horoscopes que je dressais pour mes patients, les gratifications ou les rentes que me versaient les villes où j'avais traité la peste,

1. Felice Peretti, né près d'Ancone en 1521, fut nommé cardinal par Pie V en 1570, élu pape en 1585, sous le nom de Sixte Quint, et mourut à Rome en 1590.

nous avons eu et, comme tu peux le constater toi-même, avons encore une vie aisée. Nous ne manquons de rien.

César avait conscience de la chance qu'il avait de vivre dans une famille unie et hors du besoin. Grâce à cela, son père lui avait appris la charité. Ils allaient souvent tous les deux secourir des miséreux, leur portant oboles, nourriture et vêtements.

Nostradamus fit une pause dans son récit. Il réfléchit un instant. Devait-il dire à son fils que, sitôt marié, il était reparti en Italie ? Ses explications seraient-elles suffisantes pour que César ne juge pas cette escapade inélégante ? Après avoir tourné dans sa tête la façon de présenter la chose, il se décida.

– Au début de 1548, quelques jours après mon mariage avec ta mère, je me suis de nouveau rendu en Italie. Je suis allé à Venise, puis à Savone où j'ai rencontré un excellent apothicaire, Antonio Vigerchio. J'en avais entendu parler lors d'un séjour précédent, mais n'avais pu le rencontrer. Il m'apprit à fabriquer du sirop de rosat[1] dont le pouvoir laxatif était apprécié par les habitants constipés de Savone.

1. Se dit de compositions où il entre des roses. Nostradamus parle de cet apothicaire dans son *Traité des fardements et confitures.*

La chute de cette anecdote tira César d'une somnolence qui commençait à l'envahir. Il éclata de rire, mais depuis un moment, malgré le plaisir qu'il prenait à écouter son père, il avait de la difficulté à soutenir son attention. Il avait beau fixer la petite flamme de la lampe à huile pour lutter contre le sommeil, ses paupières se fermaient quelques secondes, puis se rouvraient. Nostradamus ne s'en était pas aperçu, tant il était pris par son récit.

– Père, dit César, j'ai très sommeil, puis-je aller me coucher ?

– Bien sûr ! répondit Nostradamus en lui tendant une chandelle. Prends cette petairo[1] et va dormir, moi, je vais rester travailler ; il y aura cette nuit, dans une demi-heure, une conjonction particulière de planètes que je dois étudier. J'ai encore quelques calculs à faire. Demain je te parlerai de ma vie à Salon.

Le lendemain, un nombre très important de malades vinrent consulter Nostradamus. Sa journée leur fut entièrement consacrée et il termina fort tard ses consultations. Il gardait certains patients dix minutes, d'autres beaucoup plus longtemps. Certains venaient le voir

1. Petit flambeau de résine (provençal).

non parce qu'ils étaient malades, mais par curiosité, tant sa notoriété et son don de prophétie, populaire depuis la mort d'Henri II, intriguaient. D'un simple coup d'œil, il dépistait les curieux et s'en débarrassait avec toute la courtoisie requise...

L'affluence des patients l'empêcha de voir César. Anne lui prépara une collation pour midi ; il l'avala et reçut de nouveau ses patients dans le cabinet qu'il avait installé au rez-de-chaussée de sa maison. Les jours suivants, il fut encore très pris par des malades qui crachaient et toussaient. Le mistral très froid des jours précédents avait provoqué une épidémie de fièvres.

Alors qu'il était en train de prescrire une potion pour la toux, Anne frappa à la porte de son cabinet et, forçant sa voix :

– Peux-tu recevoir tout de suite Dieudonné Escoufié, il a le visage en sang.

Le médecin comprit qu'il y avait urgence. Et puis il connaissait ce patient depuis plus de dix ans, quand celui-ci avait travaillé à la construction du canal d'Adam de Craponne. Il se précipita à la porte, l'ouvrit et fit sortir le malade qui fut pris d'une quinte de toux subite et provoquée pour marquer son mécontentement...

Dieudonné Escoufié entra, tenant un chiffon sur son front d'où coulait beaucoup de sang. Le nez, les joues et le menton étaient rouges ; des filets de sang zébraient le cou. Certaines personnes qui attendaient leur tour dans la salle attenante à son cabinet ne purent retenir quelques cris d'effroi. Cette face ensanglantée était impressionnante. Nostradamus fit allonger son patient, enleva le chiffon et découvrit une profonde entaille qui barrait le front en travers.

– Eh bien ! mon brave Dieudonné, ça n'est pas bien grave ! J'ai cru que tu venais pour ta saignée mensuelle, mais, cette fois, tu l'as faite toi-même. Je vais nettoyer ta blessure et dans deux semaines, ce sera guéri. Comment t'es-tu fait ça ?

Sans attendre de réponse, Nostradamus prit un linge dans une pile soigneusement préparée par Anne et nettoya délicatement la plaie, puis il saisit un flacon sur une étagère et versa un peu de son contenu sur le tissu blanchi. Subrepticement, il s'empara d'une lame fine et très coupante.

– Je vais t'enlever un pelancho [1] bien vilain et je te donnerai une poutitè [2] que tu prendras pendant trois jours, une gafado [3] le matin et une le soir, dit-il à Dieudonné.

1. Morceau de peau (provençal).
2. Potion pharmaceutique (provençal).
3. Grande cuillerée (provençal).

Celui-ci, pour conjurer sa peur, raconta sa mésaventure :

– Comme je suis toujours roubinié [1] au Valat de Crapouno [2], je travaillais sur une escluso [3] pour envoyer l'aigo [4] dans une roubino [5]. Ouille ! Maïstro de Nosto-Damo [6], ai mau à moun cap [7]...

– Raconte ! Raconte ! ne t'occupe pas de ce que je fais.

– Je marchais sur une poustan [8] qui s'esboula [9]. Je me suis estramassé [10] sur un peisseu [11] et voilà le resulto [12] !

– Et voilà le resulto ! répéta Nostradamus dans un sonore éclat de rire. L'as escapado bello [13] ! Allez, va, Dieudonné, prends bien ta potion et reviens dans quelques jours. Ça te fera dix sols.

Le pauvre Escoufié sortit d'une bourse

---

1. Éclusier (provençal).
2. Canal de Craponne (provençal).
3. Écluse (provençal).
4. L'eau (provençal).
5. Canal de dérivation (provençal).
6. Notre-Dame (provençal).
7. *J'ai mal à la tête* (provençal).
8. Planche (provençal).
9. S'effondrer (provençal).
10. Tomber de tout son long et lourdement (provençal).
11. Petit pieu (provençal).
12. Résultat (provençal).
13. *Tu l'as échappé belle* (provençal).

pendue à sa taille la somme demandée et la tendit à son médecin.

– Vé ! Maïstro de Nostradamus, vous deven lou salut, bono santa[1] !

Le médecin esquissa un sourire ironique.

– Je croyais t'avoir dit qu'on m'appelle soit monsieur de Nostredame, soit monsieur Nostradamus, mais jamais monsieur de Nostradamus. Allez ! à l'an que ven[2] !

La nuit de Noël avait été fêtée en famille. Nostradamus, son épouse et leurs six enfants s'étaient rendus à la messe de minuit. L'église était comble. Bien qu'ils possèdent un banc réservé, Nostradamus et Anne, pour libérer deux places, avaient pris sur leurs genoux la petite Anne et Diane qui n'avait que trois ans. Les chants de Noël entonnés par la chorale de la ville retentissaient sous la voûte. Anne et Diane ne tardèrent pas à s'endormir sur les genoux de leurs parents. Après la messe, toute la famille rentra. Seuls les deux aînés, Madeleine et César, partagèrent avec Nostradamus et son épouse la collation que cette dernière avait préparée. On avait perdu l'habitude chez les de Nostre-Dame de manger plus que de raison. Anne surveillait son mari dont la gour-

1. *Nous vous devons le salut* (provençal). Exclamation usitée pour saluer comme *Bonne santé.*

2. À l'année prochaine (provençal).

mandise passée avait entraîné des crises de goutte répétées. Aussi respectait-il, de temps en temps, des moments de jeûne.

La nouvelle année 1565 commençait à peine. L'épidémie de fièvres s'était calmée et Nostradamus s'était accordé une journée de repos supplémentaire pour l'anniversaire de son fils aîné. Anne avait préparé un gros gâteau pour les douze ans de César. On était le 3 janvier. A midi, toute la petite famille passa à table. Nostradamus rappela à César qu'il était né le jour de la fête de Sainte-Geneviève. Il en profita pour raconter, avec son talent de conteur, l'histoire de cette sainte qui parvint à sauver Paris du pillage et des massacres des hordes asiatiques conduites par Attila. César interrompit son père :

– C'est bien Clovis qui a fait construire une église dédiée à cette sainte ?

– Bien, César ! Mais sache qu'avant même la chute de la monarchie, elle sera transformée en monument païen où l'on défiera l'homme [1].

– Incroyable ! lança César. Tu n'annonces que des événements bizarres qui ont l'air irréalisables.

– Ce n'est qu'une apparence, répondit Nostradamus. Les actes des humains ne sont pas

1. L'église Sainte-Geneviève est devenue le Panthéon, à la Révolution.

logiques, mais ceux-ci les jugent avec leur raison. Il ne faut donc pas s'étonner que les prophètes ne soient pratiquement jamais crus. *Les secrets de Dieu sont incompréhensibles.*

Le repas était terminé depuis longtemps ; tous les enfants, hormis Anne étaient restés autour de la table pour écouter leur père. Les plus jeunes commençaient à s'agiter et Nostradamus se rendit compte qu'il avait parlé longtemps.

– Viens, César, dans mon cabinet de travail.

Madeleine, la fille aînée âgée de treize ans, était très proche de sa mère et s'intéressait fort peu aux préoccupations intellectuelles et spirituelles de son père. En revanche Charles et André âgés de dix et neuf ans, écoutaient en silence tout ce que disait celui-ci. Le voyant toujours s'adresser à leur frère César, pour la première fois ils manifestèrent leur mécontentement et leur jalousie.

– Il n'y en a que pour César ! Jamais tu ne nous emmènes avec toi. Jamais tu ne nous parles comme à lui.

Nostradamus prit affectueusement Charles et André par les épaules, les serra contre lui.

– César est votre aîné, il est plus avancé que vous dans ses études, et je peux lui dire des choses que vous ne comprendriez pas. Alors n'en soyez pas peinés. Je vous aime tous de la même façon. Plus tard vous pourrez lui demander de vous expliquer tout ce que je lui aurai appris.

Nostradamus se pencha vers ses deux fils et les embrassa. Puis il s'engagea avec César dans l'escalier. Nostradamus tirait sur la grosse corde qu'il avait fait placer en guise de rampe pour s'aider à monter lors de ses crises de goutte. Pendant qu'ils gravissaient tous les deux, lentement, les marches de pierre, Nostradamus pensait à cette jalousie perçue chez ses deux autres garçons. Il ne fallait pas laisser César sur un malentendu.

– Plus tard, il faudra que tu gardes toujours de bons rapports avec tes frères. Que ma propre expérience malheureuse te serve. La jalousie cache la plupart du temps l'envie du bien d'autrui. Elle a pour résultat de faire naître les conflits entre les hommes.

Chapitre IV

L'après-midi

Dès la parution du premier recueil de quatrains prophétiques, en 1555, la reine Catherine de Médicis, avide de prédictions, voulut connaître l'avenir, tel que le voyait Nostradamus. Elle le fit donc mander à la cour par le grand sénéchal et gouverneur de Provence, le comte Claude de Tende. Celui-ci estimait beaucoup Nostradamus, son médecin, pour les bons soins qu'il lui avait déjà prodigués. Il se rendit donc immédiatement chez les Nostredame et communiqua les lettres de la reine, qui provoquèrent l'effervescence et la fébrilité de toute la famille. Les préparatifs terminés, le médecin-prophète prit la route de la capitale.

Le 14 juillet, Nostradamus arriva sous les murs de Paris le quinze du mois d'août, jour de l'Assomption de Nostre Dame, lui qui en portait le nom ; et pour comble d'heureux présage, s'en alla descendre dans une auberge à l'enseigne de Saint-Michel, pour rendre l'auspice heureux entièrement accompli[1].

Monseigneur le Connetable[2], *Anne de Montmorency, alla le prendre à son logis et le présenta au roi qui donna l'ordre de le loger chez le cardinal de Sens. En outre, il lui fit donner cent écus d'or dans une bourse de velours rouge, et la reine presqu'autant.*

Malheureusement, une fort douloureuse crise de goutte le surprit et l'obligea à garder la chambre une dizaine de jours.

Dès ses violentes douleurs calmées, sa Majesté lui donna l'ordre d'aller à Blois voir les enfants de France[3].

La reine lui envoya un carrosse aux armes de France, d'azur à trois fleurs de lis d'or. En fin de journée, il arriva en claudiquant au château de Blois. Un huissier l'accueillit et le conduisit dans la cour du château, ombragée par la splendide cage d'escalier octogonale que François Ier avait fait accoler à l'aile Louis XII, trente ans auparavant. Il faisait encore très chaud en cette fin d'août.

1. *Histoire et chroniques de Provence.*

2. Premier officier militaire du roi de France.

3. Les garçons : François (futur François II), Maximilien (futur Charles IX), Alexandre-Edouard (futur Henri III), et François-Hercule, duc d'Alençon. Les filles : Elisabeth (future épouse de Philippe II, roi d'Espagne), Claude (future épouse de Charles II, duc de Lorraine) et Marguerite (future épouse d'Henri IV).

Henri II et sa mère l'attendaient debout. Il mit un genou au sol, courba la tête respectueusement et dit :

– *De l'invincible très puissant et très chrétien roi et de la reine, je suis le très humble et très obéissant serviteur et sujet, victoire et félicité*[1].

Catherine de Médicis se pencha vers Nostradamus, lui prit la main et le fit relever. Puis elle le pria de s'asseoir devant une petite table ronde couverte d'un velours bleu, brodé de festons au fil d'or. Tous les enfants royaux étaient là.

Confortablement installée dans un fauteuil, une nourrice donnait un sein plantureux au petit dernier, François-Hercule, âgé de dix-neuf mois[2]. Un peu plus loin, près de la rampe à balustres limitant la cour, quatre pages tiraient à l'épée sous la direction de leur maître d'armes, pendant que seigneurs et dames de la cour prenaient le frais dans les jardins aménagés aux bords de la Loire.

Dès son arrivée, elle s'inquiéta de sa santé.

– Je souffre encore un peu, lui répondit-il, mais c'est supportable.

– Vous faites comme notre fidèle ennemi, Charles Quint, vous mangez trop. J'ai appris

1. Début de la *Lettre à Henry, roy de France second.*
2. François-Hercule était né le 19 janvier 1554.

que son médecin, le maître chirurgien Quijada, disait à son patient : « la goutte ne se guérit qu'en fermant la bouche. » Vous devriez suivre ce conseil.

– Votre Majesté a tout à fait raison, malheureusement, ma gourmandise l'emporte le plus souvent sur la sagesse.

Ignorant la nourrice et le petit Hercule, Nostradamus s'adressa aux trois autres garçons en les appelant « Votre Majesté ». La reine crut comprendre le message : « Cela veut-il dire que ces trois enfants monteront sur le trône de France ? Voilà une bien heureuse prophétie qui ravit mon cœur de mère. »

Nostradamus aurait pu dévoiler la suite malheureuse. Par prudence, il omit de raconter ce que le Divin lui avait dicté. Henri II, lui, n'avait pas réagi à la remarque de la reine.

Le connétable Anne de Montmorency apparut, sortant de l'escalier et s'adressa à Henri II :

– Votre Majesté, le légat de Paul IV Caraffa, notre nouveau pontife, demande une audience d'urgence. Il vous apporte une lettre du cardinal Farnèse. Le pape s'apprête à faire la guerre contre les Espagnols. Son neveu, le cardinal Caraffa, a ordonné au duc d'Urbin, capitaine général de l'Église, de se tenir prêt à Rome avec six mille fantassins et la cavalerie idoine.

Pour le roi de France, la nouvelle était d'importance. Le retournement du pape contre la suprématie de l'Espagne ne pouvait que le satisfaire.

– Comment cela est-il possible ?

– Le pape, répondit Montmorency, a été très irrité par la trahison des deux frères du cardinal Guido Ascanio, nos deux alliés Carlo et Mario. Ceux-ci ont prétexté des réparations pour faire rentrer au port de Civita-Vecchia nos deux galères dont ils avaient le commandement. C'est par ce subterfuge qu'ils les ont livrées aux Espagnols. De plus, le pape n'accepte pas non plus la suprématie des Impériaux depuis la prise de Sienne.

Henri II voyait déjà la fin de la guerre avec Charles Quint et un terme à la domination de son empire sur l'Europe. Par ailleurs, des bruits d'abdication de l'Empereur couraient tant à Madrid qu'à Rome. Il voulut en savoir davantage.

– Sa Sainteté Paul IV, reprit le connétable, a intimé l'ordre de rendre les deux galères, sous peine de procès ; tout en s'engageant à ne pas nous les restituer. Le représentant de Charles Quint, Fernando-Ruiz de Castro, qui était à Rome depuis le 6 juillet, a demandé une audience au pape qui la lui a refusée.

« Le secours des cent mille écus que vous lui aviez promis a facilité la décision du pape de se ranger à nos côtés. Il enrôle déjà des soldats.

– Où est le légat ? s'enquit Henri II.

– Il prie dans la chapelle de Saint-Calais.

– Allez lui dire de m'attendre dans la grande salle, j'arrive dans un instant.

Le roi était, assurément, plus intéressé par la politique étrangère du royaume que par les vaticinations de son médecin ordinaire. Il prit congé :

– Monsieur de Nostredame, dit-il, je vous laisse avec la reine qui a, sans doute, beaucoup de choses à vous demander. Nous vous remercions de vos conseils.

Catherine de Médicis brûlait d'impatience de conduire Nostradamus dans la tour de Foix où elle avait fait installer un observatoire pour les astrologues. Cosimo Ruggieri [1], par exemple, en était familier.

1. Cet astrologue florentin fut amené en France par Catherine de Médicis. Elle lui fit donner l'abbaye de Saint-Mahé en Bretagne. Superstitieuse, elle le consultait sur tout. Elle le plaça auprès de son quatrième fils, le duc d'Alençon, en qualité de professeur d'italien, mais en réalité pour la tenir au courant des menées du parti des *politiques* ou *malcontents* dont le duc était le chef. L'astrologue espionna en fait la mère au profit du fils. Il fut impliqué, en 1574, dans le procès de La Mole et de Coconas, favoris du duc d'Alençon, inculpés pour conspiration contre Charles IX et condamné aux galères.

Ils gravirent lentement les marches de pierre. Nostradamus boitillait derrière la reine, et montait marche après marche, avançant seulement le pied droit pour traîner son pied gauche, dont le gros tophus le faisait toujours souffrir.

La reine, ayant retiré la clé d'un gousset pendu à sa taille, l'avait remise à sa dame de compagnie, chargée d'aller ouvrir et d'allumer le grand chandelier en or à sept branches. Elle l'avait aussi priée de faire placer un garde à l'entrée de la tour, précisant qu'elle ne voulait être dérangée sous aucun prétexte.

Ils arrivèrent devant une porte ouvragée. Ils pénétrèrent dans une pièce semi-circulaire. Contre le mur rectiligne, entre deux fenêtres à meneaux, sous lesquelles se trouvaient quatre chaises réservées aux invités, une large cheminée portait sur son manteau un grand

Libéré sur ordre de Catherine de Médicis, il fut de nouveau arrêté, en 1598, accusé de lancer contre Henri IV tout ce qu'il avait de maléfices. Le roi le fit remettre en liberté. Ruggieri reparut à la cour et publia tous les ans, de 1604 à 1615, des almanachs qui eurent une grande vogue. Il mourut en 1615 et refusa d'entendre sur son lit de mort les exhortations des Capucins venus pour le prêcher. Le peuple, ameuté par ces derniers, traîna sur la claie le corps de l'astrologue – peine infamante qui consistait à placer sur une claie et traîner par un cheval le corps des suicidés, des duellistes et de certains suppliciés.

miroir. Nostradamus et la reine s'y virent côte à côte.

Au-dessus du miroir, quelques flacons s'alignaient sur une étagère fixée à la hotte, où pendaient deux guirlandes de gui. Dans la partie courbe de la pièce, un miroir rond, inscrit dans un zodiaque gravé dans du bronze, reflétait les objets placés sur certains signes, de trois en trois : sur le Verseau, une aiguière en argent, sur le Taureau, une sculpture du bœuf Apis, sur le Lion, un chat en bronze et sur le Scorpion, une tête de mort.

À côté de l'âtre, le chandelier était posé sur une table ronde à trois pieds de griffe.

Catherine de Médicis prit sur la cheminée une chènevotte[1], s'approcha d'une chandelle, l'enflamma et alluma le foyer. Le feu prit rapidement. Elle s'empara de trois flacons sur l'étagère et jeta dans les flammes un peu de leur contenu. Nostradamus lui demanda ce que contenaient les fioles.

– Du benjoin, de l'encens et de la myrrhe, dit-elle, pour faciliter vos visions.

Nostradamus resta silencieux un instant. Il ne voulait pas lui avouer que ces visions lui étaient déjà venues à Salon.

L'air fut rapidement envahi par une odeur

1. Partie ligneuse du chanvre, après qu'on en a retiré la filasse.

très forte. La reine prit Nostradamus par le bras et l'entraîna vers son miroir magique.

– Regardez ce miroir, Nostradamus, qu'y voyez-vous ? C'est là que Luco Gaurico [1] a vu que mon époux mourrait de mort violente.

Nostradamus ne détourna pas son regard et continua à fixer la reine.

– Point n'est besoin de miroir, Votre Majesté. Luco Gaurico a simplement dressé l'horoscope de Sa Majesté le roi.

Catherine de Médicis était, depuis toujours, persuadée que l'art divinatoire prenait sa source dans l'astrologie, mais ce que qu'elle voyait dans le miroir était le fruit de son imagination.

– Cosimo Ruggieri m'a dit la même chose. Vos visions ne seraient, en réalité, que la transcription de ce que vous voyez dans les horoscopes ?

– Votre Majesté, répondit Nostradamus, l'astrologie n'est qu'un appoint et ne peut concerner que les contemporains dont nous connaissons la date de naissance. L'avenir de l'humanité ne peut nous être dévoilé que par

1. Mathématicien, astrologue et prélat italien, né près de Naples en 1476, mort à Rome en 1558. Il enseigna d'abord les mathématiques, puis s'adonna à l'astrologie. Les papes Jules II, Léon X, Clément VII et Paul III lui accordèrent des marques d'estime. Il fut reçu par Catherine de Médicis en 1555, peu de temps avant la visite de Nostradamus.

Dieu le Créateur. Jérémie, le prophète, a dénoncé les charlatans qui prétendaient découvrir le futur dans les astres.

– Luco Gaurico, reprit la reine, voit dans le thème du roi une dissonance de Mars en Cancer ; il dit qu'il y a risque de mort à la guerre. Et vous, vous m'avez dit que ce serait dans un tournoi !

Nostradamus jubilait intérieurement :

– L'horoscope permet d'ajouter que le roi risque de mourir à cheval. En effet, dans son thème, la fortune royale se trouve à 17° dans la douzième maison. Or, les degrés 16 et 17 exposent à des accidents causés par les grands animaux, tel que le cheval. Mais ce que l'astrologie ne vous dit pas, je peux vous le confier : le roi périra dans un tournoi, l'œil crevé par un jeune lion, après une première joute.

Catherine de Médicis effrayée reprit :

– Périra, dites-vous, à cause d'un jeune lion ?

– Vous comprendrez le moment venu.

Le visage de la reine s'était assombri.

– J'ai déjà averti mon époux. Il semble attacher plus d'importance à vos qualités de médecin qu'à vos prophéties.

La reine s'avisa que Nostradamus montrait des signes de souffrance. Elle le fit asseoir.

– Votre Majesté, l'homme n'écoute pas les prophètes. Il participe à la réalisation des événements annoncés, en connaissance de cause et en toute liberté.

– Mais moi, je vous écoute, répliqua-t-elle. Que voyez-vous d'autre ?

– Dans votre horoscope, vous avez une opposition Saturne-Capricorne en maison X et Mars en Cancer en maison IV ; vous êtes donc exposée aux luttes intestines, tant dans votre famille que dans le pays. J'ai consigné ces troubles dans plusieurs quatrains. Cependant, je ne peux vous en dévoiler plus, sauf à nier votre libre arbitre.

La reine se pencha sur son miroir magique, puis dirigea son regard vers celui de la cheminée. Le crépitement du feu et les senteurs des parfums qui brûlaient rendaient l'instant pesant. Elle pointa le doigt vers la hotte :

– Mes quatre fils sont là, dans le miroir, messire, les voyez-vous ?

Attristé de voir la reine ainsi prisonnière d'hallucinations, Nostradamus ne put retenir un soupir de lassitude :

– Le Divin ne voit pas l'avenir dans un simple morceau de verre. Relisez mes quatrains. Je ne doute pas que votre clairvoyance y trouve bien des réponses à vos questions.

À dater de cette réception à la cour de France, la protection de la famille royale lui fut acquise. Il allait en avoir besoin : durant ce XVIe siècle, les humanistes apportaient la lumière de l'esprit, pendant que les institutions religieuses plongeaient la France dans l'obscurantisme des guerres de Religion.

Le 30 juin 1559, un tournoi était organisé à la cour. Henri II fit une première joute contre Guise. Puis il jouta contre Montgomery, chef de la garde écossaise, dont le bouclier portait un lion passant d'Écosse. La lance de son adversaire se brisa et pénétra dans le heaume du roi, lui crevant l'œil. Après dix jours d'agonie dans d'horribles souffrances, Henri II succomba, malgré les soins prodigués par Ambroise Paré et... Nostradamus. La prophétie, dans ses moindres détails, s'était accomplie.

En octobre 1564, la famille royale parcourait les provinces du Midi.

Charles IX et sa mère visitèrent Aix, Marseille, Hyères, Toulon, puis se rendirent en pèlerinage à la Sainte-Baume. Ils firent halte à Salon pour y rencontrer Nostradamus.

Lorsqu'ils arrivèrent dans la cité, le mistral, qui soufflait en rafales sur les cailloux de la Crau depuis six jours, était tombé dans la nuit. En cette belle journée d'automne, le soleil inondait la Provence de ses rayons tamisés par un léger voile de brume vaporeux. La ville accueillit avec faste Charles IX et sa mère.

Cette petite ville de province, jalouse d'Aix capitale de la Provence, était empoisonnée tant par la peste[1] que par les commérages de ses petits bourgeois étriqués, partagés en clans catholique, protestant et juif.

Nostradamus et sa famille se préparèrent dans la plus vive émotion à accueillir la famille royale. César était alors au lit avec la fièvre. Il n'avait donc rien pu voir. Il demanda à son père de lui raconter en détail ce qui s'était passé quelques mois plus tôt. Nostradamus ne se fit pas prier, car il éprouvait beaucoup de plaisir à reparler de ces moments inoubliables. Toute la famille était réunie et lui prêta une oreille très attentive.

– Ce 17 octobre, mois dédié à Mars le dieu de la guerre, il était trois heures de l'après-midi. Salon était une ville presque morte. La peste ravageait encore la cité et on comptait déjà plus de cinq cents morts. Quelle tristesse morbide pour recevoir les plus grands du royaume !

« Charles IX et sa mère avaient ordonné que les étals des marchands soient enlevés des

1. En 1564, lors de la visite du roi et de sa mère, la peste venait de faire cinq cents morts dans la cité et les rues étaient désertes.

rues et que les habitants restent dans leurs maisons pour les voir passer avec leur suite, dont les hérauts[1] parcouraient les rues en criant "Avis à la population : Sa Majesté la reine Catherine de Médicis et son fils le roi Charles IX ordonnent au peuple de Salon-de-Crau et des environs de retirer tous meubles des rues et de rester chez eux, fenêtres fermées, pour voir passer le cortège royal."

« L'entrée dans la ville se fit par la porte d'Avignon. Les consuls avaient fait ériger quelques arcades décorées de branches de buis jusqu'aux portes du château. Salon n'avait jamais vu autant de princes à la fois. Les rues avaient été recouvertes de sable fin et parsemées de rameaux de romarin qui embaumaient.

« Charles IX avait fière allure sur son cheval à robe grise, harnaché de velours noir à larges passements et franges d'or. Il était habillé d'un vêtement phénicien de couleur cramoisie, enrichi de cordons d'argent, le chapeau et les panaches assortis à son vêtement. Deux gros diamants, tenus par des chaînettes d'or, pendaient à ses oreilles.

« Deux consuls avaient été chargés de l'accueillir à la porte d'Avignon, sous un dais de

1. Officiers du roi chargés de faire des annonces de toute nature, et qui figuraient dans les cérémonies publiques.

velours damassé violet et blanc. L'un de ces consuls était Antoine de Cordoua qui, peu de temps après, fut fait chevalier de Saint-Michel, tandis que l'autre, Jacques Paul, très riche bourgeois de Salon, fut ennobli. Ils étaient accompagnés de quelques nobles et bourgeois soigneusement choisis.

« Les consuls m'avaient demandé de les suivre pour accueillir le cortège, persuadés que ma présence serait bienvenue, appréciée et surtout... flatteuse pour eux ! Ils n'ignoraient pas que j'avais été reçu à la Cour. Mais j'ai décliné cette offre. J'avais été trop mal traité pour accepter de leur servir de faire-valoir – d'ailleurs leurs successeurs continueront d'essayer de tirer profit de mon nom. Cordoua, qui était un bon ami, n'apprécia pas, mais comprit que je n'avais pas envie de me mêler à la foule profane. Il savait d'autre part que le roi et la reine demanderaient à me voir. Ce qui ne manqua pas.

« Dès que Charles IX et sa mère eurent franchi la porte d'Avignon et reçu les clefs de la ville de la main des consuls, ceux-ci les conduisirent jusqu'à notre demeure. Mon ami Antoine avait abandonné le cortège pour venir m'annoncer leur arrivée.

« Nous les attendîmes donc sur le pas de la porte. La reine et le roi son fils parvinrent devant la maison. La famille se pressait derrière la fenêtre, sans oser dire mot. C'était à qui pousserait l'autre pour mieux voir.

« Antoine et moi-même nous inclinâmes respectueusement. Je dis, en me redressant : *Vir magnus bello, nulli pietate secundus.*

– Oh ! homme grand à la guerre, qui ne le cède à nul autre pour la piété ! traduisit César.

– Très bien ! dit Nostradamus qui reprit aussitôt son récit.

« La reine donnait la main au petit Henri de Navarre qui venait d'avoir douze ans. Elle sembla encore plus flattée que son fils par le compliment. Charles IX me pria de le suivre au château. Il fallait voir l'expression des consuls et des notables de la ville agglutinés autour de ces illustres visiteurs : surprise, jalousie, haine, envie et surtout servilité. Les visages parlaient d'eux-mêmes ! J'accompagnai donc la reine et le roi jusqu'au porche d'entrée du château.

« La reine congédia consuls et notables, excepté Antoine de Cordoua qui nous conduisit dans la grande salle. Elle demanda aux princes et gens de sa suite de gagner leurs appartements. La grande cheminée réchauffait et séchait un peu l'air très humide de ce mois d'octobre. La reine avait froid ; courbée devant la cheminée, elle se frottait les mains pour les réchauffer. Le roi s'était installé dans l'un des grands fauteuils au coin droit de la cheminée et moi dans celui du coin gauche.

« La reine se retourna, s'assit en face du foyer et, tenant toujours ses paumes tournées vers l'âtre, elle me regarda fixement d'un air interrogateur. Nous éprouvions tous deux une grande émotion. Le passé resurgissait, mais nous ne l'évoquâmes pas. Elle parla :

– Quel destin les astres réservent-ils à mes enfants encore en vie ?

« Je regardai Charles IX et mon regard s'arrêta sur le petit Henri de Navarre, qui se tenait debout derrière nous. Je me levai de mon siège et pris un tabouret[1]. J'y fis asseoir ce jeune Bourbon et m'inclinai devant lui. La reine se leva brusquement, l'air courroucé :

– Que signifie ce geste ? vocifèra-t-elle. Serait-ce un crime de lèse-majesté que vous osez commettre ? Un huguenot sur un tabouret ! Si je n'avais pas pour vous estime et affection, je vous enverrais au bûcher !

« Charles IX était resté assis, silencieux. Je m'inclinai de nouveau devant Catherine de Médicis : « Votre Majesté, vous connaissez mon respect sans défaut pour le pouvoir royal. Puis-je vous lire ceci ? »

1. Siège pliant sur lequel des personnes déterminées ont le droit de s'asseoir à la cour, en présence du roi et de la reine.

L'ombre du règne de Navarre non vrai,
Fera la vie de fort illégitime,
La veue[1] *promis incertain de Cambrai*[2],
Roy Orléans[3] *donnera mur légitime*[4].

« La reine bouillait d'impatience. Elle voulait comprendre. Elle exigea des explications. Je m'exécutai.

– Henri de Navarre ne sera qu'une ombre vis-à-vis du pouvoir, et la vie de ce brave ne sera considérée comme légitime que par la protection de votre fils Alexandre-Édouard, qui sera fait duc d'Orléans[5]. Mais, lorsque ce

1. Accord (ancien français).

2. Le traité de Cateau-Cambrésis fut signé en 1559 entre Henri II et Philippe II, roi d'Espagne. La France recouvrait Saint-Quentin, Ham, Calais, Metz, Toul et Verdun. En 1581, les Français prirent le Cambrésis ; les Espagnols le leur enlevèrent en 1595 (Henri IV fut sacré à Chartres en février 1594). Repris en 1677, il fut définitivement assuré à la France en 1678, par le traité de Nimègue.

3. Henri III fut duc d'Orléans en 1560, puis duc d'Anjou en 1566, avant de succéder à son frère Charles IX, décédé le 31 mai 1574.

4. Le 1er août 1589, Henri III fut assassiné par Jacques Clément. Avant de mourir, il fit appeler Henri de Navarre et s'adressa aux princes catholiques qui l'entouraient : « Je vous prie comme mes amis et vous ordonne comme votre roi de reconnaître après ma mort mon frère que voilà ; prêtez-lui serment en ma présence. » Ils s'exécutèrent tous. Bien qu'Henri de Navarre s'engageât à maintenir le royaume dans la religion catholique, plusieurs princes catholiques s'éloignèrent de lui.

5. Le futur Henri III.

Bourbon régnera, les accords promis à Cambrai seront incertains.

« La reine refusait de me croire : pour que la prophétie se réalise, il aurait fallu que ses deux autres fils, Alexandre-Édouard et François-Hercule, meurent tous deux, et sans descendance ! Elle me congédia aussitôt, trop courroucée pour m'écouter davantage.

« Je me retirai, sachant qu'elle me rappellerait.

« Certes, Catherine de Médicis était contente d'apprendre que son fils Alexandre-Édouard monterait sur le trône, mais elle refusait d'admettre que la couronne pût échoir aux Bourbons. Aussi ai-je passé sous silence le quatrain concernant l'assassinat de celui-ci, après qu'il aura fait tuer le duc de Guise[1].

– Et après ta rencontre au château ? demanda César.

– Le lendemain, Charles IX et sa mère allèrent se recueillir sur les reliques de Marie-Madeleine à la Sainte-Baume. La reine me parla plus tard avec beaucoup d'émotion de la solitude de ce lieu, où elle sentit le souffle de l'Esprit.

« Avant de regagner Paris, le cortège royal

1. Voir IV, 60 et III, 55. *Nostradamus historien et prophète*, tome I.

gagna Arles, où le roi et la reine demeurèrent quinze jours.

« De là, Charles IX et sa mère m'envoyèrent l'un des hérauts de leur suite qui, avec deux cents écus d'or, me tendit un manuscrit palimpseste ; je le lus aussitôt. Le roi me demandait de me rendre à Arles. Je pris le palimpseste, le plaçai devant la lampe à huile, le regardai par transparence et quelle ne fut pas ma surprise ! On devinait ce qui avait été écrit auparavant ; le premier texte avait été mal effacé, probablement à dessein.

Anne, César et Charles, sous le charme du mystère, brûlaient d'impatience de connaître la suite.

– Je reconnus l'écriture de Catherine de Médicis. Dès les trois premiers mots « le lion jeune », j'identifiai mon trente-cinquième quatrain de la première centurie qui annonçait la mort d'Henri II. La reine, par ce moyen, m'assurait encore de sa confiance et je compris qu'elle voulait en savoir un peu plus. Malgré une crise de goutte fort douloureuse, je pris mon fidèle Phébus et me rendis dans le palais où les consuls de la ville avaient reçu la suite royale.

« Un gonfanon aux armes de Saint-Trophime, patron de la ville, avait été dressé au-dessus de la porte à côté du blason des Valois [1].

« Un huissier m'accueillit et me conduisit dans les appartements de la reine. Charles IX et le jeune Henri de Navarre avaient été conviés à une partie de chasse dans les Alpilles avec les seigneurs de la ville. Je me retrouvai donc seul avec la reine. Je la saluai très respectueusement en m'inclinant devant elle. Elle remarqua que je boitais et que je m'aidais d'une canne.

– Encore votre goutte, Maistre de Nostre-Dame ? s'inquiéta-t-elle.

– Hélas ! Votre Majesté, Hélas !

Elle me fit asseoir près de la cheminée et aussitôt en vint au sujet qui la tourmentait.

– Je vous ai fait venir parce que je viens de recevoir un courrier de mon astrologue florentin Cosimo Ruggieri. Il me met encore en garde contre vos prophéties et prétend que vous n'êtes qu'un sorcier. Je ne le crois pas, car j'ai des preuves de votre don exceptionnel. Cet homme me rend surtout service comme espion des ennemis de la cour. Et puis, ses horoscopes me plaisent. En revanche, toutes ses prophéties se sont révélées fausses, alors que vous... hélas !

1. D'azur à trois fleurs de lis d'or, avec en chef un croissant d'or surmonté d'un lambel d'argent.

– Sans doute ce Ruggieri était-il jaloux, lui expliquai-je. J'ai conseillé aux astrologues de s'éloigner de mes écrits, cela lui a déplu.

– Vous vous êtes incliné devant le petit de Navarre. Dois-je croire que les Bourbons régneront dorénavant ?

– Valois et Bourbons sont des Capétiens, Votre Majesté. La royauté ne saurait être accaparée par une seule branche de cette grande famille. La monarchie a encore de nombreuses années devant elle. N'est-ce pas là l'essentiel ?

« Elle me fit alors un compliment qui me ravit et me plongea dans une certaine confusion, tant il était flatteur :

– Outre votre don de prophétie, vous voyez la globalité des hommes et des choses. Puis elle ajouta : Quant à Ruggieri, ses propos désobligeants à votre égard ne troubleront ni mon estime, ni mon amitié pour vous, et vous serez toujours le bienvenu à la cour. Je sais qu'il se sert de la superstition comme d'une arme pour asseoir son empire sur l'âme des gens.

« Je précisai à la reine que c'était une méthode courante chez de nombreux astrologues pervertissant ainsi cette science et n'y voyant qu'un moyen de s'enrichir.

« Nous ne parlâmes plus, absorbés par nos souvenirs et l'émotion du moment. Je pris congé. Je ne la revis plus jamais.

Chapitre V

Le crépuscule

Nostradamus venait de s'installer sur son trépied et César sur le banc. Il faisait si froid en ce mois de janvier 1565 que Nostradamus avait gardé son chapel de bièvre[1].

Après avoir, jusqu'à présent, évoqué quelques quatrains avec son fils, le docteur de Nostredame se demandait comment il allait aborder avec celui-ci l'ensemble de ses apparitions prophétiques. Fallait-il lui faire connaître les dates de tous les quatrains ? Ne lui en livrer que quelques-unes ? Qu'en ferait-il après sa mort ? Risquait-il, pour y trouver une gloire personnelle, de tout dévoiler à ses contemporains, alors même que la plus grande partie de son message portait sur les deux derniers siècles de l'ère des Poissons, avant l'avènement de l'âge d'or ?

Son œuvre prophétique était bien son

1. Ancien nom du castor.

« grand œuvre[1] ». Mieux que la transmutation des métaux en or, il avait transformé des prophéties en avertissements écrits, pour le bien de l'humanité.

Il avait été le destinataire d'une inspiration divine qui ne devait pas être mise entre toutes les mains[2]. C'est la raison pour laquelle il avait « raboté » les quatrains et les sixains : pour protéger ses écrits de l'autodafé et pour qu'ils soient mis au jour au moment opportun, dont il était seul juge.

En réalité, il sentait que son fils n'exploiterait pas ses écrits. Il décida donc lui de lui confier tout ce qu'il avait vu. Il allait, en quelque sorte, lui divulguer ses visions « non rabotées ». L'idée de mourir en emportant seul le poids de ses prédictions, sans les avoir partagées avec quiconque, lui semblait insupportable. Même si César ne comprenait qu'une infime partie de son discours, il trouvait chez lui une oreille complaisante. Par où commencerait-il ? Ses quatrains se trouvaient dans un désordre intentionnel. S'il les com-

1. En alchimie, grand œuvre : transmutation des métaux en or.

2. On lit, à la fin de la sixième centurie : *Profanum vulgus et inscium ne attrectato, omnesque astrologi, blenni, barvair procul sunto.* (Que la foule profane et ignorante ne soit pas attirée [par mon message] et que tous les astrologues, les sots et les barbares s'en éloignent.)

mentait à son fils tels quels, à coup sûr il n'y entendrait rien. Depuis le début, il s'était rendu compte que César avait des difficultés dès qu'il s'agissait d'avenir. Les grands mouvements de l'histoire, la chute de la monarchie suivie du règne d'un empereur, cinq républiques entrecoupées de régimes plus ou moins dictatoriaux, le grand bouleversement avant l'ère du Verseau. Tout cela lui semblait trop lointain ou irréalisable. Peut-être fallait-il, avant de commencer, lui expliquer la cause profonde de tous les conflits entre les hommes : guerres civiles, guerres intestines, guerres étrangères, guerres de Religion.

Il fit chauffer de l'eau sur le poêle à bois qui dégourdissait un peu l'air. Il prit un bocal sur lequel on pouvait lire *Hieracium pilosella*[1] et en mit une pincée dans l'eau. Parmi tous les flacons de simples qu'il avait sur une étagère, il en saisit un étiqueté « Poison » et ajouta un peu de son contenu dans l'eau. César écarquillait les yeux et se demandait ce que son père était en train de faire.

– Tu vas boire du poison ?

– Poison pour toi, mon fils, mais pas pour moi qui pendant de longs mois et des années en ai absorbé progressivement de plus en plus ; ainsi mon organisme s'y est habitué et

1. Nom de l'épervière. Voir note 2, p. 26.

j'ai alors profité d'effets qui ne se manifestent qu'à une certaine dose.

– Quels effets ? demanda César.

– Je ne peux pas te le dire. Ce serait trop dangereux. Je peux simplement te préciser que ce breuvage permet de développer certain don reçu de Dieu ; mais si l'on n'a pas ce don, cette décoction nuit à la santé, car on s'y accoutume sans pouvoir s'en passer.

– Comment le sais-tu ? demanda César, surpris.

– Je l'ai lu dans des livres que m'avaient donnés certains philosophes de Florence lors d'un de mes séjours dans cette si belle cité.

De retour d'Étrurie[1], je suis passé par Gênes. J'y ai rencontré un apothicaire de grand talent qui avait étudié la médecine à la très célèbre école de Salerne. L'oncle de cet érudit était marin et avait participé à l'expédition de Christophe Colomb en Amérique, en 1502. Il avait appris de sa bouche que les Indiens absorbaient des préparations à base de plantes et de champignons pour entrer en contact avec leurs dieux. Il en avait ramené une certaine quantité précieusement mise en pots de verre.

Lors de nos conversations, je lui avais parlé des visions que j'avais depuis déjà longtemps.

---

1. Ancien nom de la Toscane.

Il me donna un flacon contenant une de ces plantes d'Amérique et me conseilla de la mélanger en décoction avec l'épervière. C'est sur ce pot que j'ai marqué « Poison ». Malheur à qui consomme cette plante pour une autre utilisation que celle voulue par le Créateur !

– Ah ! dit César, et qu'est-il arrivé ?

– Cela m'a permis de me rapprocher de Dieu qui m'a alors dicté *mes visions nocturnes.* J'étais assis sur mon trépied et le *divin s'asseyait à côté de moi*[1].

Nostradamus devint songeur. La potion qu'il venait d'absorber commençait à faire effet. Lentement il plongeait dans une sorte d'état second. Accoudé sur la table de travail, la tête entre ses mains, il garda le silence un long moment, comme s'il n'appartenait plus ni au temps ni à l'espace. César ne broncha pas. Il n'avait encore jamais vu son père dans ce curieux état. Il l'observait sans oser parler.

Le silence n'était troublé que par les crépitements intermittents du bois dans le poêle. La flamme de la lampe à huile colorait la longue barbe blanche d'une lueur rougeâtre. La scène en était encore plus étrange.

César le regardait avec quelque frayeur.

1. *Splendeur divine, le divin près s'assied* (Centurie I, quatrain 22.)

– Père, pourquoi ne dis-tu rien ? On dirait que tu es malade.

Nostradamus releva la tête doucement, prit la main de César, la serra dans la sienne et le regarda avec tendresse.

– Mais non, César, mais il faut que je me rapproche du Divin auquel je dois tout. Sache que *celui qui prophétise, le fait en raison de deux causes principales : la première est incluse dans l'esprit de celui qui, en s'éclairant de la lumière surnaturelle, prédit par la science des astres, et la seconde lui permet de prophétiser par la révélation inspirée qui n'est qu'une part de la divine éternité ; moyennant quoi le prophète peut en juger grâce à ce que lui a donné l'esprit divin par le moyen de Dieu le Créateur et par un don naturel*[1].

César avait l'étrange impression que son père ne s'adressait plus à lui. Les propos de celui-ci semblaient dépasser les murs étroits du petit cabinet de travail et aller, par-delà le temps et l'espace, faire écho pour tous les hommes. Il soufflait dans cet espace réduit un esprit cosmique qui réduisait César à un rôle de témoin effacé par l'ampleur, la force et la densité de ce qui était en train de se produire.

Nostradamus commençait à transpirer. Son front, où perlaient des gouttes de sueur, luisait de reflets orangés ; un peu de salive suintait

1. *Lettre à César.*

à la commissure de ses lèvres. Sa voix changea. Elle devint plus grave, un peu chevrotante, bien qu'assurée ; elle résonnait curieusement. Ce n'était plus lui qui parlait, mais un troisième personnage, invisible.

Après un moment d'une durée inappréciable, un léger frémissement s'empara de Nostradamus. Il s'essuya le coin des lèvres avec un petit mouchoir qu'il tira du revers de sa manche et reprit :

– *Depuis longtemps, à plusieurs reprises, j'ai prédit longtemps auparavant ce qui, depuis, est arrivé, et cela dans des régions particulières, attribuant le tout à l'action de la vertu et de l'inspiration divine, ainsi que d'autres aventures heureuses ou malheureuses annoncées à l'avance dans leur soudaineté et qui se sont produites sous diverses latitudes du monde*[1].

Depuis son adolescence, quelques éclairs de voyance tenaces, bien qu'intermittents, lui avaient valu beaucoup d'intérêt et de curiosité de la part de son entourage. Ses camarades d'Avignon ou de Montpellier venaient le questionner sur leur avenir. Il avait compris à ce moment-là ce que la science des horoscopes pouvait apporter à ce don qui s'imposait petit à petit.

Plus il dressait de thèmes et plus il se rendait compte que les étincelles de lumière qui

1. *Lettre à César.*

le transportaient dans l'espace et le temps du « consultant » lui faisaient voir bien plus de choses que les simples influences des astres.

Il se sentait « transporté » hors de son cabinet de travail ; il n'éprouvait plus l'inconfort du trépid. En ce moment même, César avait disparu de son champ de vision. Il était environné d'une chaude et douce lueur, mais ne voyait plus la lampe qui la diffusait.

Il esquissa un sourire de satisfaction qui retroussa sa barbe et ses pommettes. M. de Florinville et Félice Peretti lui apparaissaient, l'un dans sa tenue de grand bourgeois campé devant la porte du château de Fains, l'autre coiffé de la tiare et tenant aussi fermement sa crosse que le gouvernail de la barque de Pierre. Puis tout à coup son visage se crispa. Une tête de jouteur à cheval lui apparut transpercée d'une lance qui avait traversé le heaume, avait pénétré dans l'œil et était sortie par l'oreille. Pour exorciser cette image sanglante, il se remit à parler d'une voix irréelle.

– Ah ! Quelle terrible nuit ! En 1547, Henri II venait de monter sur le trône et, au moment même où il ceignait la couronne, le jeune lion d'Écosse le terrassa dans la lice. L'agonie dura onze jours. Le roi est mort de cette blessure, et ma médecine n'y put rien faire, pas plus que celle de mon confrère Ambroise Paré.

Mes états de voyance commencèrent alors à évoluer, et ne concernaient plus seulement les choses de la vie courante. Je pénétrais dans des lieux et des temps plus éloignés de moi et l'objet de mes visions touchait à l'histoire des hommes et non plus à celles des individus. Depuis cette époque, les événements à venir m'apparaissaient régulièrement.

Dès que je mis en pratique ce que m'avait appris mon apothicaire gênois, tout devint alors plus clair, avec *l'apparition de la petite flamme dans laquelle une partie des causes futures sont venues se dévoiler ; c'est pourquoi Dieu le Créateur, par le ministère de ses envoyés de feu, avec leur flamme, vient proposer à nos perceptions ainsi qu'à nos yeux les causes des prédictions futures*[1].

Telle est la différence entre la simple voyance et la prophétie : la première est une faculté comme les autres ; la deuxième est d'essence divine.

Nostradamus fit une pause. Il ne s'était pas aperçu que César s'était endormi sur sa table de travail, la tête enfouie dans ses bras croisés. Il ne saurait sans doute jamais que celui-ci n'avait rien entendu. Mais qu'importe ? Sa préface lui était destinée.

Ce monologue était pour lui un de ces moments d'extase délicieuse, comme il en

1. *Lettre à César.*

avait déjà tant connus. Les notes qu'il prenait au fur et à mesure pour rédiger ses quatrains se présentaient dans un ordre chronologique. Tout comme les quatrains qu'il transcrivait chacun sur une fiche[1].

Comme physiquement absent, il se remit à parler :

– Lorsqu'en 1560 a eu lieu la conjuration d'Amboise, j'ai dû expliquer ce soixante-deuxième quatrain de la quatrième centurie que j'avais publié cinq ans plus tôt. Les protestants voulaient enlever le roi ; malheureusement pour eux, le complot fut découvert, les conjurés, surpris dans les forêts voisines, furent noyés, décapités ou pendus jusqu'aux merlons du château. Un mois plus tôt la famille royale avait été obligée de quitter Blois, pour se réfugier à Amboise, à cause du tumulte qui s'annonçait à l'embouchure de la Loire. J'avais aussi consigné ces événements dans ma quatrième centurie[2].

Le visage de Nostradamus s'assombrit. La guerre sainte des Mahométans contre l'Europe chrétienne était en train de défiler devant ses yeux. Plus d'un dixième de

1. Avant de les donner à imprimer au typographe Macé-Bonhomme, son premier éditeur lyonnais, Nostradamus replaçait ces fiches dans le désordre. Puis chacune était brûlée.

2. IV, 88. *Nostradamus, historien et prophète*, Éditions du Rocher, tome I.

l'ensemble de son message était consacré à cette question-là : n'allait-elle pas empoisonner les relations de l'Islam et de l'Occident pendant encore plus de quatre siècles ? Sa voix devint plus grave et il s'adressa de nouveau à son fils toujours endormi...

– Dans une même vision, la prise de Jérusalem par Saladin et celle de Constantinople par Mahomet II se mêlent aux images d'un naufrage : une flotte chrétienne réunie à Messine faisant cap vers la Grèce et coulant une flotte turque[1].

Chypre conquis et pillé par les Ottomans[2].

Les *gens mahométiques* expulsés de Grenade[3]. Alliés à la Porte[4], ils s'étaient soulevés contre le Espagnols.

Une immense armée ottomane fait mouvement vers l'Autriche. Soixante mille janissaires, cent quarante mille hommes de troupes assiègent Vienne[5]. L'Europe tremble, et tremblera encore, à cause du schisme de

1. Nostradamus parle ici de la bataille de Lépante (1571). Voir IX,61 ; III,64 ; VI,75 *Nostradamus, historien et prophète,*, tome I.

2. Voir XII, 36, *op. cit.,* tome II.

3. En 1610.

4. La Porte ou la Sublime-Porte : nom officiel que les Ottomans donnaient à la cour du sultan. Cette dénomination s'est étendue à l'Empire ottoman.

5. En juin 1683.

Mahomet – même si la France entretient des rapports ambigus avec les Mahométans.

Les Turcs écrasés dans un bain de sang ; les chrétiens connaissent un court répit. *Près de la Serbie, le héraut de Bude*[1] *assaille la Hongrie* que le chef ottoman avait *converti à la loi islamique* en même temps que *la Slavonie et Salonique*[2].

Voilà qu'apparaît maintenant cet *empereur que j'ai vu naître près de l'Italie* ; il organise dans le secret une expédition contre l'Égypte. La Turquie et la Syrie interviennent. La *Cité solaire*[3] est occupée et « *la tête rase*[4] » *change les lois barbares.*

Quelle est cette île en proie aux massacres au large de l'Asie Mineure ? Toujours Chypre, pomme de discorde éternelle entre Grecs et Ottomans. Les Ottomans invitent les prélats dans leurs palais. Ils lisent leur condamnation à mort. Les font exécuter sur la place

---

1. Bude : Budapest.

2. Voir X,62 *Nostradamus, historien et prophète,* tome I. Soliman II avait agrandi l'Empire ottoman en soumettant la Hongrie, la Slavonie, la Transylvanie et la Moldavie. Bude fut occupée de 1530 à 1686. Cette année-là, elle fut reprise par le duc de Lorraine (héraut de Bude).

3. Nostradamus désigne ici Le Caire : l'ancienne capitale de l'Égypte, Héliopolis, signifie cité solaire. Voir I,88, *op. cit.*, tome I.

4. Qualificatif utilisé par Nostradamus pour « le petit tondu », sobriquet de Napoléon Ier. Voir I,88 ; VII,13 ; VII,88, *op. cit.*, tome I.

publique, outrage suprême à notre mère, la sainte Église[1] !

Les massacres reprennent de plus belle. Cette fois c'est le *Péloponnèse* qui en est le théâtre. Chio *est noyée dans un bain de sang, Tripolis presque entièrement rasée.* L'Europe réagit enfin. Les Russes marchent sur *Trapésonce*[2] et libèrent la *Marnegro*[3].

L'Angleterre intervient et met sa flotte en marche, la France à ses côtés. Les vaisseaux barbares sont coulés dans la rade de Pylos[4]. Les mers qui baignent le Péloponnèse sont *désencombrées* des pirates[5]. *Les Gaulois portent secours à la Grèce depuis Ambracie*[6] *jusqu'en Thrace.*

L'Algérie, victime de la piraterie incessante. *Philippe*[7] veut alors la conquérir ; il luttera pen-

1. En 1821. III,89, *Nostradamus, historien et prophète*, tome I.
2. Ancien nom de Trébizonde, ville et port de Turquie d'Asie sur la mer Noire. VI,55 et V,95, *op. cit.*, tome I.
3. La mer Noire.
4. Autre nom de Navarin où les flottes turques et égyptiennes furent détruites par une flotte alliée franco-anglo-russe. VI,55 et V,95, *op. cit.*, tome II.
5. V,95n *op. cit.,* tome II.
6. IX,75, *op. cit.,* tome I. Aujourd'hui Arta, ville d'Épire. Le roi Othon débarqua, en 1833, à Nauplie, capitale de son nouveau royaume qui comprenait le Péloponnèse, les Cyclades et la Grèce continentale jusqu'au golfe d'Arta. Dès 1829, l'indépendance de la Grèce fut confirmée par le traité d'Andrinople (ville de Thrace).
7. Il s'agit de Louis-Philippe.

dant *sept ans*[1]. *La Troisième* République occupe toute l'Afrique du Nord[2].

Les Cyclades, les villes du *Péloponnèse, Périnthe, Larisse et Sparte* sont libérées des Ottomans.

Mais les Anglais et les Français se brouillent avec les Russes et s'emparent pendant *neuf mois* de la Chersonèse taurique[3]. L'Italie s'en mêle et prend *Rhodes* et le Dodécanèse[4] aux Ottomans. *Bisance* est occupée par les Anglais qui déportent à *Malte* les députés et les notables[5].

Une fausse révolution change les lois et la monnaie en Turquie qui abandonne aux Anglais sa domination de *l'Égypte*[6].

Certes, l'Europe respire un moment. Et pourtant, *la gent mahométique* va être la cause de conflits encore plus terribles.

Nostradamus marqua un temps d'arrêt. Pendant ses *convulsions comitiales hiracliennes,* il

1. IX, 89, *Nostradamus, historien et prophète,* tome I. Après dix ans d'hésitation (1830-1840), Louis-Philippe commence la conquête totale de l'Algérie en 1840. La reddition d'Abd-El-Kader signe sa victoire, le 23 décembre 1847.
2. En 1907.
3. Sébastopol, capitale de la Crimée, fut occupée par les troupes anglo-françaises de septembre 1855 à juin 1856.
4. Archipel de la mer Égée, qui constitue les Sporades du Sud, dont l'île de Rhodes.
5. II,49, *op. cit.,* tome I.
6. En 1920. I,40, *op. cit.*, tome I.

était tellement habitué à voyager du passé vers l'avenir ou de l'avenir vers le passé, ou même de voir simultanément des tranches d'histoire très éloignées les unes des autres, qu'il n'arrivait plus à ordonnancer ses visions chronologiquement. Maintenant, ses révélations venaient de lui faire franchir trente-huit années. Il voyait *le second Thrasybule* (le général de Gaulle) mettre à bas la Quatrième République pour en créer une Cinquième.

Il reprit son monologue :

– Trois dictateurs *feront des factions militaires en Romanie, en Germanie et en Espagne*[1]. Le premier est appelé *duc*[2], le deuxième *Franco* prend le pouvoir à partir d'une assemblée de *Castille avec Ribière*[3]. Le pire des trois est un *nouveau Néron* qui persécute les Juifs, comme cet empereur romain persécuta les chrétiens. Il *construit des cheminées*[4] et fait le *forneron*[5].

Bien des gens vont mourir avant lui. Trois dates déterminantes : *en 15 il est malade*[6] ; *en 21, le*

1. *Lettre à Henry, roy de France second.*
2. « Duc » : le Duce.
3. Ribière : francisation de Primo de Rivera, fondateur de la Phalange, IX,17 ; IX,53 et IX,76.
4. Les cheminées désignaient anciennement les fours.
5. Garçon boulanger qui travaille au four (ancien français).
6. En 1915, Hitler, alors caporal, est gazé et hospitalisé.

fer est un danger pour lui[1] ; *l'année 39 est sujette aux troubles et au feu*[2].

La pièce sembla s'embraser soudain. Des villes entières étaient en train de brûler devant lui. Dans cet état second, il assistait à cette épouvante. Il voyait *au soleil levant*[3], un *grand feu et les hommes morts dans un rond*[4]. *Deux fléaux comme on en avait encore jamais vus, frappaient deux cités, les gens n'avaient plus rien à manger et étaient malades, ils invoquaient leur dieu immortel*[5].

Les Mahométans réapparurent dans un fleuve de sang. Dans un esprit de vengeance, marmonna Nostradamus qui éprouvait des difficultés d'élocution, les *barbaresques* se soulèvent contre la France et entraînent la chute de *la quatrième* république[6].

Derrière la France en guerre avec l'Algérie, le Moyen-Orient lui apparut en toile de fond.

– Le conflit entre l'Europe et les Mahométans est aggravé par le retour des Juifs en Orient. Les voilà qui occupent des territoires *vers la Judée, la Syrie et la Palestine*[7] avant le

1. En 1921, le capitaine Roehm crée la SA. Hitler le fait exécuter ainsi que les chefs de la SA lors de la nuit des longs couteaux.
2. Il s'agit du feu de la guerre. Voir sixain 53.
3. « Soleil levant » : le Japon.
4. « Un rond » : le rayon d'action de la bombe A.
5. « Dieu immortel » : l'empereur du Japon. II,91 ; II,6.
6. En 1958. III,59, *Nostradamus, historien et prophète.*
7. Cisjordanie, le Golan et Gaza.

solstice d'été[1]. *Ils y bâtissent des lieux sans défense*[2] ; *ils occupent cet endroit qui était inhabitable.* Malheureusement, *ces arpents qui auraient dû être labourés depuis longtemps, vont connaître la maladie, la misère et la guerre*[3]. *Certes, le grand empire barbare s'écroule pour un temps*[4]. *La Synagogue stérile, sans nul fruit, est reçue parmi les infidèles*[5].

Cinq ans plus tard, la guerre reprend : *l'Égypte attaque ce peuple qui a surmonté tant de hasards et qui n'a jamais redouté la guerre ou la révolution. La dame qui le gouverne*[6] *est triste de voir couler le sang de son peuple et, à cause de cela, elle perd le pouvoir. Dieu tout-puissant les protège des malins*[7] !

A l'orient de la Palestine, *la Perse s'enflamme ; la révolution et la guerre s'emparent du pays. La fin de son monarque*[8] *commence en France à cause d'un*

1. La guerre des Six-Jours eut lieu du 5 au 10 juin 1967.
2. Le retour des Juifs dans leur pays vu par Nostradamus est décrit par des termes identiques à ceux utilisés par Ezéchiel (chap. 38) : *Dans les dernières années, tu viendras au pays qui aura été sauvé de devant l'épée, et ramassé de plusieurs peuples, savoir, contre les montagnes d'Israël, qui auront été longtemps désertes... Et tu diras : je monterai contre le pays des villes sans murailles...* Les « lieux sans défense » sont les kibboutzim.
3. II,19, *Nostradamus, historien et prophète*, tome I.
4. III,97, *op. cit.*
5. VIII,96, *op. cit.*
6. Golda Meir.
7. Sixains 31 et 35, *op. cit.*
8. Le shah.

prophète qui s'exile dans un lieu retiré et *fait dans son pays ce qu'autrefois firent les mages*[1].

Je vois *entrer en Mésopotamie* ce personnage *vilain, méchant et infâme, et la terre est horrifiée par cette tête noire*[2]. Son voisin, *la Carmanie*[3], s'embrase à son tour.

Le saint empire[4] *viendra dans ce pays, où les Ismaëlites*[5] *trouveront les lieux ouverts. Les résistants voudront conserver leur pays, mais ils seront couverts de terre*[6].

La Carmanie[7] alliée à ses deux voisins perse et mésopotamien joue un rôle capital dans le dernier conflit de 1999, *le grand satyre du Tigre*[8] *et celui de l'Hircanie*[9] *font une offre à ceux de*

1. I,70 et X,21, *Nostradamus, historien et prophète*, tome I. « Le lieu retiré » est Neauphle-le-Château. Les mages étaient les prêtres (les ayatollahs) chez les Perses. Leur caste fut toute-puissante durant le règne médique.

2. VIII,70, *op. cit.*, tome I. Il s'agit de l'ayatollah Khomeyni et de l'invasion de l'Irak.

3. X,31, *op. cit.* La Carmanie était une province de l'ancien empire des Perses, formant actuellement le territoire de l'Afghanistan.

4. La sainte Russie.

5. Ismaël, un des fils d'Abraham, né de l'union avec Agar, esclave égyptienne, est considéré par les Arabes comme le père de leur nation et de leur langue.

6. Au cours de l'invasion russe en Afghanistan, des villages entiers de résistants furent ensevelis, de nuit, avec leurs habitants.

7. L'Afghanistan.

8. S'agit-il de Saddam Hussein ?

9. Ancienne province de l'Iran.

l'Océan[1]. *Puis un chef d'armée sortira de Carmanie pour débarquer dans la mer Tyrénienne et à Phocée*[2].

Nostradamus se tut ; ce qu'il voyait devenait flou. La ville de Marseille était nimbée de brume dans un grand cercle opalin. Les détails du port et des collines lui échappaient ; les explosions de la guerre, les vrombissements dans les airs, les crépitements dont il ne comprenait pas l'origine s'assourdissaient progressivement.

Il comprit que sa potion perdait ses effets : il revenait doucement dans l'espace-temps du commun des mortels ; de nouveau, il était en 1565. Il saisit le pot dans lequel se trouvait ce breuvage « magique » et but la moitié du dosage qu'il avait lui-même établi.

Il s'aperçut alors que César dormait profondément mais n'y prêta guère attention. Quelques minutes s'écoulèrent.

On eût dit que le mistral était en train de se lever. Les nébulosités qui dissimulaient la cité phocéenne se dissipaient peu à peu. Bien qu'il ait déjà vu ce qui apparaissait à nouveau, ses tremblements augmentèrent devant l'horreur du spectacle.

– Marseille ! Marseille ! Ville chère à mon cœur, où mon confrère Louis Serres m'a tant

1. L'« Océan » désigne-t-il l'Occident ?
2. Phocée : Marseille. III,90 et IX,31.

appris sur la peste ! Te voilà de nouveau envahie par les Sarrazins ! Te rappelles-tu cette année 836 où ils t'ont ravagée et pillée ? Les revoilà ! Cette fois, ils sont plus nombreux et mieux armés. Par *la discorde et la négligence des Gaulois, le passage est ouvert à Mahomet. Et je vois aussi la terre et la mer sénoises*[1] *trempées de sang. Et toi, port phocéen, tu es couvert de voiles et de nefs*[2]. *La tour de Bouc*[3] *devra craindre la flotte barbare et c'est bien tard qu'arrivera la flotte occidentale.*

Quels dégâts aux humains, aux animaux et aux biens ! Cette tour marine sera prise et reprise par les Espagnols, les barbares et les Italiens, après que Marseille, Aix et Arles auront été pillées et dévastées par le feu et la guerre, depuis Avignon jusqu'à Turin[4].

Après la deuxième veille[5] *l'infanterie et la cavalerie entreront dans Marseille pour y faire du butin. Il y aura des pleurs, des cris, du sang : jamais il n'y eut un temps si amer*[6]. *L'ordre, toujours enchaîné*

1. La Seyne-sur-Mer.
2. « Voiles » : avions ; « nefs » : bateaux. I,18, *Nostradamus, nouvelles prophéties*, Éditions Ramsay, 1995.
3. Port-de-Bouc.
4. I,28 et I,71, *op. cit.*
5. Deuxième plan « Vigi-pirate ». Le premier fut mis en place lors de la guerre du Golfe.
6. X,88, *op. cit.*

par la fatalité[1] *reviendra par un moyen conséquent. Les défenses de Marseille seront rompues et la ville sera aussitôt prise par l'ennemi*[2].

Une flotte alliée arrivera au port massiliolique[3] *pendant qu'une armée de terre marchera, à partir de Venise, à travers un défilé*[4] *vers la Hongrie, après être partie du Golfe [persique] vers le sinus Illirique*[5] *pour dévaster la Sicile et l'Italie à coups de canon*[6]. La côte italienne sera également ravagée : *depuis Monaco jusqu'à la Sicile, toutes les plages seront désertées et il n'y aura bourgs, cités ni villes qui ne soient pillés et volés par les Barbares.*

Tout cela arrivera dans un climat de dégradation de la société.

Le pouvoir sera méprisé à cause de la dépréciation de l'argent. Les lois morales seront corrompues et, bien qu'on parle de paix, Paris sera dans un désarroi que la capitale n'avait jamais connu[7].

L'abondance du crédit de l'argent sera telle que le sens de l'honneur sera aveuglé par la corruption. Les tromperies et les offenses seront connues et déshonore-

---

1. « L'ordre enchaîné par la fatalité » : est-ce la loi islamique, la charia ?
2. III,79, *Nostradamus, nouvelles prophéties, op. cit.*
3. Massilia est le nom romain de Marseille.
4. Il s'agit d'un défilé suisse.
5. L'Adriatique.
6. IX,28, *op. cit.*
7. VI,23, *op. cit.*

ront leurs auteurs[1]. *On viendra plaindre et pleurer la grande poche*[2].

On regrettera d'avoir élu des gens qui tromperont [leurs électeurs] *; ces derniers les abandonneront, déçus par les discours*[3]. *Les chefs d'État et les gouvernants érigeront des faux dieux ;*[4] *jouant aux prophètes, ils feront des prévisions creuses. La douceur de la corne dorée*[5] *sera remplacée par la violence. Les prophéties seront interprétées*[6].

Même la capitale de l'Italie sera atteinte.

Ô vaste Rome ! ta ruine approche, non de tes murs, mais de ton sang et de ta substance. Les lettres [médias] *te feront une atteinte si horrible que les propos acérés seront tenus contre tous et jusqu'aux manches*[7].

La guerre, le pillage et l'argent se rejoindront pour dominer. Les pays du Sud connaîtront une grande sécheresse. La terre tremblera au fond de l'Asie[8] *et la Grèce et la Turquie seront dans l'inquiétude*[9].

Quand les Lunaires[10] *seront près de commettre un*

---

1. VII,35, *Nostradamus, nouvelles prophéties, op. cit.*
2. La Bourse !
3. VII,35, *op. cit.*
4. Le Panthéon.
5. La société de consommation.
6. III,26, *op. cit.*
7. Allusion à la robe des magistrats.
8. Au Japon.
9. III,3, *op. cit.*
10. Les « Lunaires » désignent les Islamistes à cause du croissant qui est leur symbole.

forfait[1] *le froid et la sécheresse seront proches du danger aux frontières, même où l'oracle a pris commencement*[2].

La grande famine que je sens approcher revient, puis est universelle ; elle sera si importante et si longue qu'on viendra arracher l'enfant du sein maternel et qu'on mangera des racines[3].

Sans compter les nombreuses sectes, *dont la chasse donnera beaucoup de peine aux magistrats. Des gens stupides organiseront des mises en scène en réunion et se dissimuleront derrière des actions vertueuses. Le monde deviendra confus et schismatique à cause des sectes*[4]. *Les sièges de ces sectes seront visités et la fausseté sera mise à nu. On découvrira des monuments en forme de cruche*[5]. *Les sectes pulluleront avec de fausses philosophies de* [magies] *blanches, noires ou vertes*[6]. *Les professeurs de la foi, devenus célèbres par le déshonneur et la violence, perdront leur état ecclésiastique et leurs fidèles. Les deux grandes Églises*[7] *seront atteintes par diverses rumeurs et par la décadence, à cause de mauvais fidèles qui se querelleront*

1. Cela aura-t-il lieu en 1999 ?

2. Il s'agit de Saint-Rémy-de-Provence, où est né Nostradamus. III,4, *Nostradamus, nouvelles prophéties, op. cit.*

3. *Op. cit.*

4. I,45, *op. cit.*

5. Les toits des monuments du Mandarom à Castellane, dans les Alpes de Haute-Provence, ont cette forme.

6. « Magie verte » : intégrisme islamique, VII,14, *op. cit.*

7. Au XVIe siècle, les deux grandes Églises sont l'Église catholique et l'Église protestante.

avec les serviteurs de l'Église, en oubliant les Évangiles[1].

Non seulement ces sectes pulluleront, mais aussi elles s'entrebattront à une époque où il y aura peu d'intempéries et un hiver doux. On débattra de façon préjudiciable de la foi, à la messe et dans les sermons protestants.

Les fleuves provoqueront alors des inondations avec des malheurs et des morts à l'entour[2]. *Malgré cela, plusieurs chefs d'État puissants parleront de paix, mais elle ne leur sera pas accordée de si tôt, car ils n'en seront pas plus que d'autres les serviteurs*[3]. *Cependant, beaucoup de gens voudront parlementer avec les grandes puissances qui leur feront la guerre. On ne voudra en rien les écouter, hélas ! si Dieu n'envoie la paix en terre*[4].

Les humains joueront aux dieux, alors qu'ils seront auteurs d'un grand conflit, avant lequel on verra dans un ciel serein une comète[5], *ensuite c'est pour les forces de gauche que sera la plus grande affliction*[6]. *Les serments du lac Léman*[7] *fâcheront ; ils seront reconduits pendant des jours, des mois et des années, mais*

1. Présage 118, *Nostradamus, nouvelles prophéties, op. cit.*
2. Présage 109, *op. cit.*
3. VIII,2 bis, *op. cit.*
4. VIII,4bis, *op. cit.*
5. Serait-ce la comète de Hale-Bop ?
6. I,91, *op. cit.*
7. Il s'agit des conférences de Genève sur la paix.

ils s'effondreront tous et les juristes condamneront ces lois vaines[1].

Quel feu du ciel je vois ! du côté de l'Occident, et qui court du Midi jusqu'au Levant.

Voici venir la troisième époque de Mars le belliqueux[2], *époque du rouge*[3] *qui brille des feux* [de la guerre] *et à la fin ce sera la famine*[4]. *En effet, après un grand rassemblement de soldats*[5] *il s'en prépare un autre encore plus important. Le grand moteur* [de la folie humaine] *renouvelle les siècles ; les troubles, le sang, la famine et la pestilence remplacent la douceur de vivre, et je vois, à ce moment-là, courir une grande comète*[6]. *On verra ce « flambeau ardent » dans le ciel, le soir, depuis la source du Rhône jusqu'à son embouchure, pendant la famine ; le secours arrivera tard, car l'Iran reviendra envahir la Macédoine*[7].

Pendant du conjonction de Mars, du soleil et de Vénus dans la constellation du lion, un chef arabe, arrivé par mer, entraîne la chute du pouvoir de l'Église, pendant que du côté de la Perse un million

1. I,47, *Nostradamus, nouvelles prophéties, op. cit.*
2. Cette phrase annonce la troisième guerre mondiale du XXe siècle.
3. Le rouge en question désigne le communisme chinois.
4. Sixain 27, *op. cit.*
5. Nostradamus fait référence aux événements de 1944.
6. II,46, *op. cit.*
7. II,96, *op. cit.*

d'hommes, avec le vrai serpent, attaquent la Turquie et l'Égypte[1].

Non loin de la mer Noire, cette armée perse vient occuper Trébizonde ; la Crimée, la mer Égée et le sol algérien tremblent ; l'Adriatique est couverte de sang arabe[2].

La Perse joue un rôle capital dans ce conflit. *Son chef d'État accablera la Turquie, pendant que Paris sera vexé par des troubles révolutionnaires, à cause de deux chefs et de trois de leurs subordonnés qui s'en seront séparés et qui seront écartés dans l'exil par des Grands*[3].

Le chef d'État d'Écosse[4]*, avec six Allemands, captureront les Orientaux avec leur marine, traverseront le Calpé*[5] *et l'Espagne, et feront une offre au nouveau chef d'État iranien qui les craindra*[6].

La Perse et ses « mages » disparurent. Les premières lueurs du jour commençaient à pénétrer dans la pièce.

Nostradamus sortit sur la terrasse et tourna

---

1. V,25. Cette conjonction aura lieu le 15 août 2015. L'expression « vrai serpent » fait référence à l'Apocalypse (X,9) : « Et il fut précipité le grand dragon, le serpent ancien, appelé le diable et Satan... » Ce « serpent » symbolise-t-il la Chine ?
2. V,27. Trébizonde : voir note 2, p. 189.
3. V,86, *Nostradamus, nouvelles prophéties, op. cit.*
4. On peut penser qu'il s'agit de la Nouvelle-Écosse, État canadien limitrophe avec les Etats-Unis.
5. Calpé est l'ancien nom de Gibraltar.
6. III,78, *op. cit.*

son regard vers l'Orient. Il vit se dessiner progressivement la silhouette d'un homme trapu.

– Te voilà, Antéchrist !

Depuis que tu es né dans la Atila[1], *tu t'avances sur le 48e degré*[2].

Toi l'Oriental tu sors de ton siège, tu traverses la Chine, tu passes par les monts Apennins et viens en France et frappes de tes armes tous ceux qui s'opposent à toi[3].

Mais toi, troisième antéchrist[4], *tu seras bientôt réduit à néant, après que ta guerre aura duré vingt-sept ans*[5], *qui verront la mise à mort de tes opposants et la déportation de tes prisonniers, la mer, rouge des corps humains et la terre grêlée*[6].

Tout à coup, le ciel lourd de nuages se déchira et un paysage paradisiaque remplaça cette vision de cauchemar.

– Les hommes, leur liberté, tiendront-ils compte de mon message et éviteront-ils la

---

1. Atila est l'anagramme de Altaï, montagne qui se situe entre la Mongolie et la Chine.

2. *Lettre à Henri II*. Oulan-Bator, capitale de la Mongolie, se trouve sur le 48e parallèle... comme Paris.

3. II,29, *Nostradamus, nouvelles prophéties, op. cit.*

4. Attila et Gengis Khân sont pour Nostradamus les deux premiers antéchrists.

5. De 1999 à 2025.

6. Sera-t-elle « grêlée » de bombes ? VII,77, *op. cit.*

N. B. : le lecteur trouvera en annexe 2 un chapitre sur l'Asie, concernant l'avenir proche et en Annexe 1 un tableau chronologique de tous les événements prévus par Nostradamus, depuis 1555.

catastrophe ? se demanda Nostradamus, et se retournant vers son fils, profondément endormi, il conclut : Ce secret-là, César, je l'emporterai dans la tombe.

César s'était réveillé et avait entendu cette dernière phrase. Il n'osa rien dire et comprit qu'il avait manqué la seule chance qui lui eût permis d'accéder aux arcanes du savoir.

Le destin en avait décidé autrement...

Chapitre VI

La nuit

Les premières lueurs de l'aube diffusaient une lumière encore blafarde dans le cabinet de travail et commençaient à percer les petites fenêtres du colimaçon.

Les effets de la potion que Michel de Nostredame avait absorbée s'atténuaient progressivement. Il aida César, encore tout engourdi et courbatu par la position inconfortable dans laquelle il avait passé cette nuit, à se lever en le prenant sous les bras.

– Tu n'es pas trop fatigué ? demanda-t-il à l'enfant.

– Non, répondit celui-ci et, sur un ton gêné, il ajouta : je crois que j'ai dormi, tu ne m'en veux pas ?

Le père garda quelques instants le silence. Il eut envie de lancer cette phrase des Proverbes de Salomon, qui lui revenait soudain à l'esprit : « Jusqu'à quand, paresseux, resteras-tu couché ? Quand te lèveras-tu de ton sommeil[1] ? » Il se ravisa ; cette nuit durant laquelle il n'avait délivré tout son message que... pour lui-même, aurait été bien utile aux générations futures !

– Viens, César, allons retrouver ta mère et tes frères et sœurs pour déjeuner.

Toute la maisonnée vivait au rythme du soleil et des saisons. Anne et les autres enfants étaient déjà debout. Les bols en terre cuite avaient été disposés la veille sur la grande table en chêne. En son milieu trônait une aiguière en argent, cadeau de Benvenuto Cellini lui-même au médecin lors de son passage à Florence ; sa panse ventrue était magnifiquement ciselée.

Anne avait remarqué que César n'avait pas dormi dans son lit.

– Dis-moi, Michel, pourquoi César n'était-il pas avec ses frères, cette nuit ?

– Il est resté avec moi dans mon cabinet de travail.

– Tout le temps ? questionna-t-elle sur un ton un peu réprobateur.

– Oui, mais ne t'inquiète pas, il a dormi à poings fermés.

– Il aurait été mieux dans son lit.

1. Ancien Testament, *Proverbes*, VI, 9.

– Sans doute, mais j'avais besoin de sa présence. Tu ne peux comprendre pourquoi.

Anne, cette fois, avait envie d'exprimer son sentiment :

– C'est pénible de ne pouvoir participer à ce qui semble être la part la plus importante de ta vie.

– N'en prends pas ombrage, Anne, mes prophéties m'ont été inspirées par Dieu le Créateur. Je n'ai fait que les transmettre à tous les hommes. Ceux qui les reçoivent ou les rejettent, ou leur témoignent de l'indifférence, ou les étudient, je n'en suis pas maître. Chacun en fera ce qu'il voudra. De toute façon, il faut que tu saches que mes jours sont comptés. Dans un peu moins de deux ans, je vous quitterai.

Était-ce un argument pour cacher sa contrariété suite à sa question, ou parlait-il sérieusement ?

– Comment peux-tu dire une chose pareille ? Nul ne connaît le jour de sa mort.

– Tu as tout à fait raison. Cependant, cette grâce m'a été donnée pour vous préparer à mon départ de cette terre et pour que vous ne soyez pas triste, le moment venu. D'ailleurs, l'année prochaine je mettrai mes affaires en ordre ; ainsi, vous n'aurez pas de problèmes entre vous. Je rédigerai un testament que je confierai à mon ami Joseph Roche, notaire royal et tabellion[1] juré de la ville.

De grosses larmes perlèrent sur les joues de César qui resta muet. Anne était interloquée par ces propos.

– Tu n'as rien de plus gai à nous dire ?

– N'en soyez pas affligés. Vous voyez bien que ma santé se dégrade lentement. Je sens bien que mon cœur ne fonctionne pas bien. Il m'est de plus en plus pénible de gravir les marches pour me rendre dans mon cabinet de travail. La goutte a provoqué un gonflement de mes chevilles. Bien que Dieu m'ait accordé des privilèges exceptionnels, *je suis plus grand pécheur que nul autre et sujet à toutes les misères humaines*[2]. Ma vie aura été riche d'immenses satisfactions, mais aussi de grandes tristesses. C'est là le lot de tout être humain.

Nostradamus venait de s'apercevoir que son fils aîné pleurait.

– Ne pleure pas, César ; après ma mort, je resterai toujours en communion de pensée avec toi, tu le sais bien, et je te l'ai assez

1. Fonctionnaire autrefois chargé de mettre en grosse les actes dont les minutes étaient dressées par les notaires. C'est César qui ira prévenir Joseph Roche le 17 juin 1566.

2. *Lettre à César.*

répété, la mort n'est d'ordre que terrestre et notre âme survit à nos enveloppes charnelles.

– Je ne veux pas imaginer que tu puisses nous quitter, dit l'enfant, des sanglots dans la voix.

Sans répondre, Nostradamus sortit pour aller recevoir les patients qui attendaient sagement leur maître apothicaire.

Salon-de-Crau, 16 juin 1566

Jean-Aimé de Chavigny était arrivé de Beaune la veille. Le soleil était déjà levé. Nostradamus et son élève s'étaient assis dans la cour intérieure qu'un léger courant d'air passant par le porche rafraîchissait un peu. Anne était sortie se promener avec ses enfants, sauf César. Celui-ci s'intéressait à tout ce que disait son père et, bien qu'il fût passionné par les lettres, la poésie et l'histoire, la médecine, l'astrologie et même les mathématiques ne le laissaient pas indifférent. Il avait donc demandé à sa mère l'autorisation de rester à la maison.

Cette année, l'été avait de l'avance et, depuis quelques jours, la stridulation des cigales crépitait dans les pinèdes noyées sous un soleil de plomb.

– Je vous propose, dit Nostradamus sur un

ton paternaliste en s'adressant à son élève, d'aller nous mettre au frais au bord de la Touloubre[1]. César, va chercher Phébus chez Marius Lamanon et demande-lui de nous en louer un pour Jean-Aimé.

Quelques instants plus tard, Nostradamus enfourcha son cheval et fit monter César devant lui. Chavigny mit le pied sur la sole de l'étrier, prit son élan et poussa sur sa jambe droite ; l'étrivière[2] se rompit sous le poids et notre jeune carabin de Saint-Côme[3] s'étala de tout son long. Nostradamus et son fils éclatèrent de rire. Chavigny, fort marri, se releva et, sur un ton moqueur, lança :

– Ça au moins, maistre ès prophéties, vous ne l'aviez pas prévu !

Maistre de Nostredame esquissa un sourire malicieux.

– C'est bien présomptueux de croire que Dieu m'a soufflé ton avenir ! Il m'a dicté des choses bien plus importantes. Je croyais que tu avais compris cela.

Chavigny se tut et nos trois cavaliers prirent la route de Pélissane. À une demi-lieue de

1. Petite rivière qui se jette dans l'étang de Berre et dont le nom signifie eau gonflante.

2. Lien par lequel un étrier est suspendu à la selle.

3. Nom que l'on donnait autrefois aux aides-chirurgiens, Saint-Côme étant le nom que portait l'école de chirurgie à Paris, où Chavigny avait étudié.

terre[1] de la ville, ils prirent un chemin de traverse et arrivèrent au bord d'une large cuvette creusée dans le lit de la rivière. L'endroit, tapissé d'une herbe verte et épaisse entretenue par l'humidité, était frais et ombragé par deux grands chênes pubescents d'environ quinze toises[2] de haut. Ils s'assirent tous les trois au bord de l'eau, enlevèrent leurs chausses à boudins[3], qu'ils portaient pour sacrifier à la mode, et mirent les pieds dans l'eau.

– Alors, Chavigny ? Toujours décidé à traduire et commenter mes quatrains ? demanda Nostradamus, *ex abrupto*.

– Oui, maître, mais je ne sais si je parviendrai à tout comprendre. De toute façon, j'ai bien l'intention de les étudier et même de les traduire en latin.

– Ma foi ! si tu crois que ce sera utile, pourquoi pas ? Surtout n'oublie pas d'inclure dans ta publication la clé que je t'ai donnée concernant le grand CHYREN.

– Vous pouvez y compter, maître, martela

1. Mesure ancienne dont la valeur était de quatre kilomètres.

2. Mesure usitée en France avant l'adoption du système métrique et qui valait 1,949 mètre.

3. Grandes chaussettes portant des bouillons (plis bouffants d'une étoffe) étagés, en vogue sous Charles IX et Henri III.

Chavigny, saisissant la portée de cette injonction.

– Mais, pourquoi tant d'insistance sur ce fameux CHYREN ? Il semble que vous attachez plus d'importance à lui qu'à tous les autres personnages qui vous ont été révélés.

– Tu as raison, Jean-Aimé. J'en ai aussi longuement parlé à César. Ni toi ni lui ne connaîtrez ce personnage hors du commun, mais il aura un rôle capital dans la fin de l'ère des Poissons, avant l'avènement de l'âge d'or, c'est-à-dire au début de l'ère du Verseau.

Chavigny prit un air songeur.

– Mais dites-moi, maître, quelle est la signification de ces deux ères ?

– César, veux-tu expliquer à notre ami le sens que leur donnent l'Ancien Testament et la mythologie ?

Le gamin, très flatté que son père lui fasse une telle demande, prit un ton assuré et condescendant :

– La constellation du Verseau représente Ganymède, le plus beau des hommes. Homère raconte qu'il fut enlevé par les dieux pour remplir la coupe de Zeus et vivre au milieu des immortels.

Chavigny ne laissa pas terminer César :

– Oui, bien sûr ! Mais quel en est le sens ?

– J'allais vous l'expliquer, dit César sur un ton encore plus magistral. La coupe de Zeus se remplit sans fin et représente l'abondance spirituelle et matérielle des hommes. La vie au milieu des immortels symbolise la résurrection des morts, à laquelle nous, chrétiens, croyons.

– Et les Poissons ? questionna le carabin.

Nostradamus préféra répondre lui-même :

– Les premiers chrétiens désignaient le Christ par les initiales du mot grec « Ichthus [1] » qui signifie poisson.

– Ah oui ! ces fameuses initiales qui forment la phrase suivante : Jésus-Christ, fils de Dieu Sauveur.

– Excellent ! commenta Nostradamus. Les premiers chrétiens prirent donc ce signe de reconnaissance au moment où le soleil entrait dans la constellation des Poissons, cet animal aquatique. Dans la Bible, l'eau est le symbole du baptême, mais aussi des troubles et des révolutions. L'ère des Poissons a donc été inaugurée par le baptême du Christ par Jean le Baptiste ; elle se terminera par des révolutions qui, après avoir bouleversé les pays et les religions, introduiront le règne de *Saturne d'or* [2].

– À quelle époque ? demanda Chavigny.

1. ΙΧΘΥΣ : Ιησους Χριστος, Θεου υιος Σωτηρ.

2. Nostradamus désigne ainsi l'ère du Verseau ou âge d'or, à cause de Saturne, en grec Cronos, qui signifie le temps.

– Ne t'ai-je pas expliqué mon quatrain sur l'an mil neuf cent nonante neuf ?

– Oui, certes, mais je n'ai pas compris la suite.

Nostradamus devait-il en dire plus à quelqu'un qui comprenait peu de choses à son discours ?

– Au risque de me répéter, dit-il avec ironie, cette longue période d'environ mille ans de paix universelle entre les hommes d'une part, et Dieu et les hommes d'autre part, viendra après les vingt-sept ans de guerres de l'antéchrist, dont j'ai parlé dans le soixante-dix-septième quatrain de la huitième centurie. Les civilisations suivent le même cours que l'homme : elles naissent dans la douleur et finissent de même. Les guerres sont les maladies qui les emportent. Il en est ainsi pour moi-même. Quand je suis né, j'ai, comme tous les nourrissons, poussé un cri de douleur ; et, aujourd'hui, la maladie me ronge. *Hic prope mors est*[1] ! Mais, rassurez-vous, mon âme, comme la vôtre, ne mourra pas. D'ailleurs, le temps presse et, demain j'irai faire mon testament chez le notaire Joseph Roche.

Chavigny et César, glacés par cette déclaration, n'osèrent plus rien dire.

1. *Ma mort est proche* (latin).

– Il faut rentrer, dit Nostradamus, je suis fatigué. Si nous tardons, je crains de ne plus pouvoir monter sur Phébus et supporter le voyage de retour.

Le repas du soir fut triste et silencieux. L'annonce de sa mort prochaine avait laissé une impression désagréable et funeste. Anne et les autres enfants ne parlèrent que des petites choses de la vie courante, tant leurs cœurs étaient lourds.

Salon, 17 juin 1566

Ce matin-là, au cours du petit déjeuner, le malaise n'était pas complètement dissipé. Nostradamus donna à Chavigny quelques recettes de préparations à base de simples[1]. Parmi celles-ci, il en choisit une pour distraire toute la petite famille.

– Dis-moi, Jean-Aimé, sais-tu qu'ici un grand nombre de constipés viennent me consulter ?

– Plus qu'ailleurs d'après vous ?

– Oui ! oui ! J'ai donc mis au point une préparation pour les détendre, si je puis dire.

Chavigny et César éclatèrent de rire. Nos-

1. Ancien nom des plantes médicinales. Voir note 1, p. 84.

tradamus condescendit à y mêler quelques gloussements de circonstance.

– La recette n'est pas compliquée.

Tu prends la quantité que tu veux de roses rouges, tu les mets dans un mortier de marbre et les piles fortement. Tu en retires le suc, jusqu'à en avoir deux livres[1] *et demi. Ensuite tu prends seize onces*[2] *d'une belle cassonade*[3] *; tu fais bouillir l'ensemble, sans écumer, et cuire, jusqu'à ce qu'il soit sous forme de sirop. Une fois cuit, tu l'enlèves du feu et le laisses refroidir.*

On peut le prendre ainsi. Mais si c'est pour un personnage généreux, tu ajoutes une once de rhubarbe, deux scrupules[4] *de cinnamome*[5] *; tu pulvérises le tout bien subtilement pour qu'il ne s'évente ; ceci fait, tu le mets dans le pot où tu as versé le sirop de rosat ; ensuite tu mélanges l'ensemble avec une spatule ou une cuillère en argent.*

Lorsque tu voudras en prendre, tu remueras fort le pot. Tu en extrairas une bonne once que tu détremperas dans du bouillon de poulet sans sel ou dans de l'eau cordiale[6]*. Tu prendras cette préparation le matin*

1. Une livre valait 489 g ; 2 livres 1/2 = 1,222 kg.
2. L'once valait le douzième de la livre, soit 40,75 g ; 16 onces = 652 g.
3. Sucre raffiné une seule fois.
4. Ancienne mesure qui valait le vingt-quatrième de l'once, soit 1,70 g ; 2 scrupules = 3,40 g.
5. Nom grec de la cannelle.
6. Les eaux cordiales rentrent dans la catégorie des eaux-de-vie.

à jeun. Cela te fera faire cinq à six selles, sans douleur d'estomac, ni de ventre, ni de cœur. Après cela tu te sentiras si allègre et si allégé, que tu n'aurais jamais pris médecine laxative plus aimable et qu'aucune autre ne t'aurait fait autant de bien et de profit[1].

Chavigny, l'air éberlué, avait écouté ce discours d'une oreille on ne peut plus attentive. Cependant, il ne comprenait pas pourquoi Nostradamus lui destinait cette préparation.

– Pardon ! maître, mais je ne suis pas constipé.

– J'avais oublié, répondit Nostradamus, qu'en Bourgogne on ne tutoie pas les gens, comme en Provence, pour leur donner des conseils ou leur raconter quelque histoire.

Nostradamus se rappela tout à coup qu'il était attendu par son notaire. Il demanda à Chavigny de préparer quelques potions pendant son absence. Celui-ci entra dans le cabinet, s'installa derrière la tapisserie et se mit au travail.

Michel de Nostradame sortit clopin-clopant.

L'étude de maître Roche, située dans le

1. Extrait du *Traité de confitures et fardements.*

quartier Ferreiroux, n'était pas éloignée de sa maison. Cependant le trajet fut pénible. Le ventre ballonné par une hydropisie débutante, essoufflé par un cœur fatigué, Nostradamus parvint, non sans peine, jusque chez son notaire.

Un clerc l'accueillit et le fit entrer directement dans le bureau de Joseph Roche. Celui-ci lui serra chaleureusement la main et le fit asseoir dans un fauteuil au siège et au dossier tendus de cuir, placé au milieu du demi-cercle des témoins qui étaient déjà arrivés : le sire Jehan Allegret, trésorier, Martin Manson et Joseph Reynaud, consuls, le frère Vidal de Vidal, gardien du couvent de Saint-François, Pallamède Marc, écuyer, Arnaud d'Amirane et Jaumet Viguier, nobles de la cité. Ils se levèrent tous pour saluer leur illustre concitoyen et ami.

L'étude ouvrait sur la rue par une grande fenêtre et ses murs disparaissaient derrière des étagères où s'empilaient des dossiers poussiéreux. Pour recevoir le Provençal le plus célèbre du moment, maître Roche avait rangé sa table, ordinairement encombrée de piles d'actes récents. Seules une quinzaine de feuilles blanches, jaunies par l'éclairage, étaient placées devant lui. Sur un coin, une lampe à huile en terre cuite décorée de dauphins en haut relief et, sur l'autre, un chandelier de Croustelle[1] en bois dispensait sur le bureau une lumière blafarde.

Le moment revêtait solennité et gravité. Les témoins n'osaient parler.

– Alors, maître de Nostredame, commença Joseph Roche, te voilà pour rédiger ton testament. Tu as bien raison, ça n'a jamais fait mourir personne, quoi que tu dises !

Nostradamus ne releva pas mais répondit ainsi :

– Si tu veux, commençons par le moins agréable, ma prochaine sépulture.

Les témoins étaient figés sur leurs sièges dans un silence absolu.

– Au moins, tu vas droit au but ! dit le notaire.

Le médecin avait vu mourir tant d'hommes et Dieu lui avait accordé tant de privilèges. Puisque le jour de sa mort lui avait été confié, il lui était peut-être plus facile de s'y préparer. Toute peur l'avait abandonné. Il attendait ce jour, fatigué, épuisé par les douleurs et les misères de son enveloppe charnelle, comme la délivrance d'une vie intense, certes, mais qui désormais était de plus en plus lourde à porter.

Il jeta un regard sur ses témoins à sa droite,

1. Localité du Poitou (aujourd'hui Croutelle) célèbre au XVIe siècle pour ses chandeliers tournés en bois ou en ivoire.

puis à sa gauche et fixa un court instant son ami Joseph dans les yeux.

– Ne soyez pas aussi gênés, votre tour viendra, mes amis, et je vous souhaite d'être aussi sereins que moi, le moment venu[1].

Je désire donc être inhumé à Salon dans l'église du couvent de Saint-François, en mémoire des Franciscains qui m'ont si bien reçu à Assise et transmis beaucoup de leur savoir secret.

Que mon cercueil soit accompagné de quatre cierges d'une livre chacun. Que ma tombe soit placée entre la porte et l'autel dédié à sainte Martine. Le martyre de cette sainte représente pour moi l'instauration du christianisme au IIIe siècle et également son renouveau. Il interviendra au début du troisième millénaire, après de nouveaux martyres[2].

– Que nous contez-vous là, maître de Nostredame ? réagit le frère Vidal pour qui le christianisme n'aurait jamais besoin de renouveau.

– Lorsque les Romains ont forcé cette

1. Les données qui suivent se trouvent dans le testament même de Nostradamus.

2. Des prêtres furent persécutés et exécutés pendant la Terreur (1793-1795, noyades de Nantes), par l'Allemagne nazie, par l'U.R.S.S., par la Pologne communiste (cf. le massacre du père Popielusko le 19 octobre 1984), etc.

sainte à entrer dans le temple d'Apollon pour sacrifier à ce dieu, elle s'est agenouillée et a fait le signe de la croix. Aussitôt, la statue est tombée de son piédestal et le temple s'est écroulé. L'empereur Sévère, épouvanté, l'a fait mettre à mort.

En l'an 1792 il y aura un immense bouleversement en France et, par suite, dans de nombreux pays[1]. Les hommes persécuteront les chrétiens, ils reviendront au paganisme et au culte du veau d'or. Ils déifieront l'homme et lui dresseront de nouveaux temples. Ils construiront un édifice semblable à *une grande poche*[2] où l'on gardera l'argent.

Joseph Roche se demandait si son illustre client et ami était venu pour dicter son testament ou pour parler d'avenir.

– Tu as l'air d'oublier pourquoi tu es ici aujourd'hui.

Nostradamus était pâle.

– Aux environs de l'an deux mille, les deux derniers papes seront agressés. Ces deux témoins du Christ persécutés assisteront, l'un à la ruine des valeurs morales chrétiennes, l'autre à la destruction par l'antéchrist des

1. *Lettre à Henry.*
2. Allusion à la Bourse et à sa « corbeille ». Voir VII,35 dans *Nostradamus, nouvelles prophéties, op. cit.*

nouveaux temples païens édifiés par les hommes à Paris et à Rome.

Le frère Vidal interrompit Nostradamus :

– Il n'y aura plus de papes ?

– Non, mais le christianisme reviendra et régnera.

Les autres témoins avaient écouté sans un mot. Arnaud d'Almirane s'impatientait.

– Maître de Nostredame, nous perdons du temps, je suis attendu pour déjeuner par le gouverneur Claude de Savoie.

Combien il est difficile de parler d'avenir aux humains qui, pour la plupart, n'ont en tête que les urgences quotidiennes du corps. Quant à l'esprit...

Il allait donc faire connaître ses dernières volontés.

– Notez ! Vous choisirez treize des plus pauvres du titre[1] de Saint-François et donnerez six sols à chacun d'eux et deux écus pour les frères du même titre ; un écu pour la chapelle Notre-Dame des Pénitents blancs de Salon et encore un écu aux frères de Saint-Pierre-des-Canons.

– Voilà qui est fort bien ! dit le frère Vidal de Vidal.

– Vous remettrez à Madeleine Besaudun,

1. Ancienne appellation de la paroisse.

fille de Louis, cousin germain de ma femme, dix écus d'or pistollets [1], à la seule condition qu'elle se marie.

À ma fille Madeleine, six cents écus d'or sol [2], et aux deux autres, Anne et Diane, cinq cents écus d'or pistollets, lorsqu'elles se marieront. À Anne Ponsard, mon épouse bien-aimée, la somme de quatre cents écus d'or pistollets. Elle en jouira tant qu'elle vivra veuve ; si elle vient à se remarier, les quatre cents écus seront restitués à ses héritiers. Si elle ne se remarie pas, elle pourra léguer ces quatre cents écus à un de mes enfants, tel ou tel que bon lui semblera. En outre, elle conservera l'usage d'un tiers de ma maison, pour en jouir tant qu'elle sera veuve. Elle prendra la grande caisse de noyer qui est dans la salle ainsi que la petite. Elle gardera le lit avec sa bassaque [3], son matelas, son coussin, son traversin, sa couverture de tapisserie, avec les cortines [4] et rideaux, six lenceuls [5], quatre tohailles [6], onze serviettes, une demi-douzaine

1. Un écu pistollet valait un demi-écu d'or.

2. L'écu d'or sol, créé par Louis XI, présentait un petit soleil au-dessus de la couronne, il valait 1 livre et 13 sols tournois.

3. Bassaco : paillasse de lit (provençal).

4. Tentures de lit.

5. Draps.

6. Ou toailles ou touailles (du germanique twahan laver) : essuie-mains.

de plats, autant d'assiettes, une grande et une petite péchière [1], une aiguière et une salière en étain.

Nostradamus dictait trop vite et maître Roche avait des difficultés à le suivre.

– Doucement, mon ami, j'écris trop vite, vois ! J'ai fait une tache.

Le notaire prit un flacon, saupoudra le papier, puis gratta avec une fine lame.

– Tu peux continuer.

– Ma femme gardera également d'autres meubles dont elle aura besoin selon sa qualité. Je lui laisse trois boutes [2] pour conserver son vin et la pile [3] carrée qui se trouve dans la cave. Tout ce que je lui laisse reviendra à nos enfants à sa mort ou immédiatement si elle se remarie, excepté ses robes, ses habits, ses bagues, ses joyaux dont elle disposera selon sa volonté et son bon plaisir.

Mes livres et mes lettres seront mis en paquets et enfermés dans des banastes [4] pour celui de mes fils qui fera le plus d'études.

Je lègue à César ma maison d'habitation, ma coupe en argent surdorée et les grosses

---

1. Pechiero : cruche à trois anses (provençal).
2. Bouto : fût, tonneau (provençal).
3. Pielo ou pilo : auge de pierre (provençal).
4. Banasto : grande corbeille d'osier, oblongue et munie d'une anse à chaque extrémité (provençal).

cadières[1] de bois et de fer. La maison sera à César lorsque Charles et André auront atteint vingt-cinq ans. Il leur sera alors remis à chacun cent écus d'or pistollets. César devra tenir compte du legs fait à sa mère.

– Tes enfants ne pourront donc pas réclamer leur part d'héritage avant cet âge-là, précisa le notaire.

– Non, répondit Nostradamus. Mes enfants sont encore jeunes, leur mère sera leur tutrice. Je lui fais entièrement confiance. Je ne veux pas qu'elle soit obligée de vendre des meubles ou des objets de l'inventaire que je réserve aux héritiers, quand ils auront l'âge requis.

Je constitue César, Charles, André et mon épouse mes héritiers universels, à parts égales, les substituant l'un à l'autre, s'ils venaient à mourir sans héritier.

Si ma femme était de nouveau enceinte d'un ou de deux garçons, ils hériteraient de la même façon ; si c'étaient des filles, je leur lègue à chacune la somme de cent écus. Je veux que mes enfants ne se marient pas sans le consentement de leur mère et de mes parents les plus proches.

Si mes trois fils venaient à décéder, leurs sœurs se substitueraient à eux.

1. Cadiero : chaise (provençal).

– Et tes frères ? demanda maître Roche.

– Je demande instamment qu'aucun de mes frères n'intervienne dans mon héritage, quoi qu'il arrive. Mon épouse en disposera intégralement. Mes gagiers[1] seront Pallamède Marc, ici présent, et sire Jacques que j'ai prévenu moi-même, puisqu'il ne pouvait venir aujourd'hui.

– Quelle somme d'argent laisses-tu à tes héritiers ? interrogea le notaire.

– J'ai enfermé, dans trois coffres à la maison, trois mille quatre cent quarante-quatre écus et dix sols. J'ai déjà remis une clé à mon ami Jacques Suffren.

Nostradamus, s'appuyant sur sa canne, se leva, prit un petit sac de cuir, tira la cordelette rouge qui le tenait fermé et sortit deux clés.

– J'en donne une, ce jour, à mes témoins Martin Manson et Pallamède Marc.

Il se rassit et demanda à Joseph Roche de bien vouloir consigner tout cela.

– J'en ai terminé, dit-il, mais je reviendrai dans trois jours pour quelques détails supplémentaires. Je ne voudrais pas qu'à cause de moi Arnaud d'Almirane ne soit pas exact à son rendez-vous avec Claude de Savoie.

Arnaud d'Almirane saisit l'occasion, se leva,

1. Ancienne appellation pour exécuteur testamentaire.

lança un salut général, s'inclina obséquieusement devant Nostradamus et sortit.

Les autres témoins et maître Roche se levèrent aussi. Nostradamus s'appuya des deux mains sur sa canne, se redressa et sortit le dernier.

Trois jours plus tard, le 20 juin, il revint à l'étude. Une partie des témoins ne pouvaient être présents ce jour-là. Seuls Jean Allegret et Guillaume Giraud avaient pu venir. Il avait donc demandé à des confrères de l'assister pour ces dernières formalités.

Maître Antoine Paris, médecin, arriva le premier, puis ce fut le tour de l'apothicaire Guillem Byraud et de Gervais Bérard, maître chirurgien à Salon.

Le cérémonial recommença. Nostradamus s'assit au milieu du demi-cercle et, après les salutations d'usage, expliqua pourquoi il était de nouveau en l'étude de son ami notaire :

– Je suis ici pour compléter mon testament et régler quelques derniers legs. Joseph ! veux-tu écrire.

maître Roche n'avait rien changé de la disposition du 17. Il prit une grande plume d'oie, la trempa dans l'encrier en faïence Henri II de Saint-Porchaire [1], et s'apprêta à écrire.

1. Commune de Charente-Maritime connue au XVIe siècle pour sa fabrique de faïences dites de « Henri II ».

– Je lègue à mon cher César mon astrolabe de laiton ainsi que mon anneau d'or avec sa cornaline[1]. Outre ce que je lui ai déjà laissé, ma fille aînée Madeleine aura les deux coffres en noyer qui se trouvent dans mon cabinet, avec les habits, les bagues et les joyaux qu'ils contiennent, sans que nul ne puisse voir ou regarder le contenu. J'en ai terminé, mais ces derniers objets me sont chers et je ne voulais pas les oublier dans mes dations.

Nostradamus remercia les témoins... Puis il prit dans ses bras son ami Joseph, comme s'il le voyait pour la dernière fois. Le notaire sentit ce geste d'affection, mais ne voulut rien laisser paraître.

– A l'an que ven ! mon ami.

Monsieur de Nostradamus – comme l'appelait Dieudonné Escouffié – avait mis de l'ordre dans ses affaires. Il allait enfin pouvoir se préparer à paraître devant Dieu qui lui avait montré l'avenir.

Le 1er juillet, il se sentit très las. Il éprouvait

1. Variété d'agate translucide rouge. Elle passait pour avoir des propriétés magiques. C'était une de ces *pierres d'Israël* qu'on croyait avoir été sculptée par les Juifs dans le désert.

de la difficulté à respirer. Chavigny avait passé la journée avec lui. Le dîner terminé, les enfants couchés, il embrassa Anne.

– Je monte dans mon cabinet, j'ai encore quelque chose à écrire.

– Ne te couche pas trop tard, lui dit-elle ; je vois que tu n'es pas bien.

Il prit Chavigny par le bras et lui glissa au creux de l'oreille :

– Mon jeune ami, vous ne me verrez pas en vie au soleil levant.

– Je n'en crois rien, maître !

– Laissez-moi, maintenant, j'ai à faire.

Chavigny resta coi et s'en vint retrouver Anne occupée à mettre de l'ordre dans la cuisine. Il ne lui souffla pas un mot de ce qu'il venait d'entendre. Il prit rapidement congé et regagna son auberge.

Nostradamus tira sur la corde de chanvre et mit longtemps à gravir les trois étages qui le séparaient de sa retraite.

Il entra et, cette fois, ne referma pas la porte à clé derrière lui.

Il s'installa sur son trépied et écrivit son dernier présage, le dernier quatrain de son œuvre prophétique :

De retour d'Ambassade, don du roy mis au lieu,
Plus n'en fera. Sera allé à Dieu,

Parents plus proches, amis, frères du sang,
Trouvé tout mort près du lit et du banc[1].

Il posa sa plume, joignit ses mains et pria. Vers trois heures du matin, il se leva pour s'allonger sur le petit lit où il avait coutume de se reposer. Il n'arriva pas à l'atteindre et s'effondra sur le sol près du banc.

La petite flamme de la lampe grandit doucement. Elle se transforma progressivement en une grosse boule lumineuse qui inonda la pièce, puis elle s'éteignit brusquement. L'âme de Michel de Nostredame avait quitté son enveloppe charnelle. Son existence terrestre avait pris fin, mais le message d'espérance qu'il avait lancé aux hommes, malgré leur folie destructrice, allait être connu de la terre entière.

1. Après avoir mis en lieu sûr le don du roi, de retour d'ambassade, [Nostradamus] ne fera plus rien, car il sera allé à Dieu. Ses proches parents, ses amis et ses frères de sang le trouveront mort près du lit et du banc.

Épilogue

Lyon 1614 – Salon 1615

Midi allait bientôt sonner. Trois soudards entrèrent dans la taverne de Plancus, après avoir attaché leurs chevaux dans la ruelle. L'aubergiste reconnut trois argoulets[1] : ils avaient des manches de maille et une cotte d'arme autour du buste. Une épée et une dague étaient suspendues à leur ceinture et, en sautoir, une poire à poudre. Ils tenaient à la main leur arquebuse et la masse qu'ils avaient enlevée de l'arçon gauche de la selle. Ils refermèrent bruyamment la porte derrière eux, jetèrent leur cabasset[2] sur une table dans un bruit de ferraille, commandèrent, d'une voix tonitruante, trois pichets de vin. Tant de bruit fit sortir brutalement César de sa rêverie.

1. Les argoulets formaient une sorte de cavalerie légère. C'étaient, en général, de mauvais soldats, indisciplinés.

2. Défense de tête sans visière, en coupole, munie d'un bord étroit, sans couvre-nuque ni crête.

Celui-ci sursauta et son chapel de bièvre, identique à celui qu'avait son père, tomba sur la table et renversa le verre de lait dont il n'avait bu que la moitié, avant de plonger dans ses souvenirs lointains. L'aubergiste arriva pour essuyer la table.

– Vous avez terminé ? demanda-t-il à César. Je peux débarrasser ?

– Bien sûr ! Pardon pour le dérangement !

– Ce n'est rien, dit l'aubergiste d'un ton amène. Mais, dites-moi, vous avez dormi plus d'une heure. Fallait-il que vous soyez harassé !

Un peu gêné, César lui répondit :

– J'ai fait un long trajet à cheval depuis plusieurs jours et je dois repartir à l'instant pour la Provence.

Le maître des lieux remercia César de sa visite, après avoir servi aux soldats les pichets commandés. Ceux-ci remplirent immédiatement leur gobelet et les avalèrent goulûment, sous l'œil outré et réprobateur de César qui lança à l'aubergiste : « Mais que ibrougnas [1] et pipo-moust [2] ces trois-là ! »

– Qu'est-ce que vous dites ? demanda l'aubergiste lyonnais qui n'avait pas compris.

– C'est intraduisible, répondit César avec

1. Ivrogne (provençal).
2. Buveur (provençal).

un air malicieux. C'est ce qu'on dit en Provence, une sorte de salutation...

Il sortit de l'auberge, détacha Phébus de l'anneau, l'enfourcha et prit la route de Salon.

Salon, juin 1615

En ce 8 juin, la Maison des Consuls de Salon était en effervescence. Le fils aîné de maître de Nostredame venait d'être confirmé, une fois encore, dans ses fonctions de Premier Consul de la ville. Avant d'affronter les trublions municipaux, il s'était isolé dans une petite pièce pour revoir les dossiers de la gestion de la cité. Ses notables et ses habitants étaient si querelleurs qu'il lui semblait essentiel de ne pas provoquer la critique, qui, de toute façon, ne manquerait pas de se manifester.

Il épluchait les comptes de l'entretien du canal de Craponne quand il en vint à se demander pourquoi il avait accepté de diriger cette « ingrata patria » comme disait son père.

Épuisé par les tracasseries incessantes de sa charge, une douce somnolence le plongea, une fois encore, dans ses pensées qui, cette fois, concernaient sa propre existence à Salon-de-Crau et tout particulièrement l'année 1598.

N'était-il pas, en ce moment même, dans le vif du sujet ?

Depuis ma première nomination[1], les querelles et les coups bas entre les candidats empoisonnent l'atmosphère. Certains vont même jusqu'à soudoyer des électeurs pour obtenir leur suffrage, comme si un poste de consul de Salon constituait une fonction de haut rang.

Cette charge est loin d'être une sinécure. Pourquoi les Salonnais m'ont-ils élu ? Je ne me fais guère d'illusions. La notoriété de mon père et la mienne sont flatteuses pour eux. Mes peintures comme mes poésies, mes connaissances en histoire, en musique et en science héraldique m'ont valu et me valent encore quelque considération et même, ô miracle ! de temps en temps, de l'admiration. Malgré cela, j'éprouve toujours de grandes difficultés à régler les querelles et les luttes intestines qui, continuellement, agitent et troublent le calme de la ville.

J'ai encore beaucoup de travail devant moi si je veux achever mon *Histoire et Chroniques de Provence*. J'ai bien moins de goût pour l'arène politique de cette petite cité où l'on se dévore à coups de calomnies, de procès en

1. César de Nostradamus fut nommé consul une première fois en 1581 puis une deuxième en 1598.

tout genre et d'ambitions insatiables pour obtenir tel ou tel poste de consul.

Les troubles sont tels que le parlement d'Aix-en-Provence, siégeant à Salon en l'absence du duc de Guise retenu à la Cour, vient d'abolir purement et simplement le suffrage universel devenu cause de tant de convoitises et de dissensions. Administrer la ville est trop difficile. Qu'ai-je donc à faire dans ce nid de serpents ? À mon retour de Lyon, j'y ai trouvé une situation explosive. Ça ne pouvait pas durer. Et effectivement, le dimanche 21, je vais aux vêpres dans l'église Saint-Michel, si chère à mon père ; au sortir de l'église, je me rends à la maison des Consuls pour présider une réunion du conseil. J'arrive dans la salle et, du premier coup d'œil, je m'aperçois que l'opposition populaire est absente. J'apprends qu'avec l'aide de certains consuls une partie de la population s'est soulevée contre la municipalité. Des cris retentissent sous les fenêtres où une bonne centaine de gens sont massés : « ennemis du peuple, dictateurs, sicaires de liberté » et bien d'autres invectives dont je veux oublier la grossièreté.

La manifestation dégénère rapidement et tourne à l'émeute. Quelques forcenés commencent à lancer des cailloux dans les fenêtres. Des vitres volent en éclat. Que faire ? Je ne peux laisser dégénérer cette situation ; elle deviendrait vite incontrôlable. Je demande donc au viguier[1] Paul de Grignan de me suivre avec les autres consuls et je charge un huissier de faire sonner le tocsin. Nous descendons le grand escalier, ouvrons les lourdes portes et arrivons sur le perron. Les cailloux continuent de pleuvoir. Nous entrebâillons les portes pour suivre l'évolution de la situation. Quelques instants plus tard, une cohorte d'habitants paisibles, alertés par le tocsin, nous rejoint. Nous rouvrons les portes. Devant ces nouveaux venus et notre détermination, des mutins reculent, d'autres s'enfuient en courant à toutes jambes. « L'a escapado bello », comme aurait dit mon père.

Je rédige immédiatement une missive pour le Parlement d'Aix. Je demande à l'écuyer de Paul de Grignan de prendre un roncin[2] et de se rendre au Parlement d'Aix, en passant par les coursières[3] pour gagner du temps.

Sitôt informé, le Parlement nous envoie le sieur de Sigoyer, pour décider de la conduite

1. Nom donné, dans le midi de la France, à des juges qui rendaient la justice au nom des comtes du roi. Paul de Grignan était sieur de Hauteville.

2. Le roncin ou roussin était un fort cheval de chasse ou de guerre. Il était la monture d'un écuyer.

3. Dans le sud-est de la France, sentier qui coupe à travers champs ou le long des flancs d'une montagne, et raccourcit ainsi les courses qu'on ferait en passant par le grand chemin.

à tenir. Celui-ci arrive à Salon le lendemain de Noël dont la fête a été ternie par cette situation. Nous lui communiquons les noms des quatre meneurs : Philibert de Cadenet et Jacques de Gordes, sentant le vent tourner, se sont enfuis on ne sait où ; le deuxième consul, Antoine Théric, et le troisième, Calliste Reybaud, sont arrêtés et jetés en prison.

Je pensais qu'avec ces mesures j'allais arriver au bout de mes peines. Il n'en est rien. Voilà que le trésorier Coulomb refuse de me communiquer les comptes, tant que ses amis Théric et Reybaud ne seront pas remis en liberté. J'engage une procédure auprès de la Cour des Comptes. Rien n'y fait. Ces deux scélérats sont libérés et Coulomb me remet enfin les comptes.

Je me dis : « Tu vas enfin pouvoir te débarrasser de cette charge et te consacrer à ton livre. » Eh bien non ! Notre bon roi Louis XIII décide de nommer exceptionnellement lui-même tous les notables en charge de la ville. C'est peut-être le seul moyen de prévenir de nouveaux troubles, mais voilà que, maintenant, au moment où j'espérais pouvoir abandonner cette charge pleine d'embûches et qui me coûte si cher, je me vois confirmer dans ma fonction par le roi lui-même ! Je prétexte que mon service auprès du duc de Guise m'interdit toute autre activité. Je prends même la précaution de faire estampiller ma lettre de refus par Monseigneur le duc lui-même. Les Salonnais ne l'entendent pas de cette oreille et envoient au duc une délégation. Les consuls délégués lui demandent de m'ordonner d'assumer ma charge, sans quoi, disent-ils, je manquerais aux plus élémentaires devoirs d'un bon citoyen. Ils vont même jusqu'à dire que je n'ai pas le droit d'abandonner Salon à moins compétent que moi. Quelle flagornerie ! »

Une cloche tinta pour annoncer le début du conseil et tira brusquement César de ses pensées. Son regard tomba sur l'un des dossiers Coulomb, qu'il avait mis de côté. En l'étudiant, il avait découvert qu'une partie des fonds destinés à l'entretien du Canal de Craponne avait servi à suborner quelques électeurs influents. Il décida de ne pas en parler au cours de la réunion, pour ne pas provoquer une nouvelle explosion. Il le ferait transmettre par le viguier au Parlement d'Aix.

Les dossiers sous le bras, il quitta le petit cabinet de travail. Il pénétra dans la salle du conseil, où consuls et notables avaient déjà pris place. Les bavardages cessèrent. Il monta sur l'estrade drapée de velours rouge et s'assit sur le fauteuil placé au centre. Honoré de Saint-Marc, mandaté par le Parlement d'Aix, siégeait à sa droite. Un silence inhabituel régnait dans cette salle si souvent agitée. Honoré de Saint-Marc se leva.

– Monsieur le Premier Consul, César de Nostredame, va vous lire les lettres patentes adressées par le roi au Parlement d'Aix concernant votre ville.

César remercia, se leva et, sur un ton grave et solennel, lut :

– Louis par la grâce de Dieu, roi de France et de Navarre, à notre cher et bien-aimé César de Nostredame, Premier Consul de la ville de Salon-de-Crau, salut, mettant en considération les services que vous nous avez rendus dans toutes les occasions qui s'en sont présentées, en voulant vous en témoigner notre satisfaction, nous vous avons commis ordonné, en établi, pour que par ces présentes signées de notre main, vous preniez et teniez rang de Premier Consul de la ville de Salon-de-Crau, et y soyez entretenu et reconnu en cette qualité, car tel est notre plaisir, donné à Paris, le deuxième jour de janvier de l'an de grâce mil six cent quinze.

La lecture ne fut troublée par aucun murmure ni aucune manifestation. Seuls quelques visages étaient crispés. César de Nostredame avait la caution et la confiance du roi. Il serait bien difficile de continuer à tramer des intrigues et entretenir des querelles. Le conseil se déroula dans le calme. À la fin, certains consuls et notables firent des courbettes hypocrites à Honoré de Saint-Marc ; d'autres se contentèrent d'un salut froid et poli.

Avant de quitter la Maison des Consuls pour rentrer chez lui, il reprit ses dossiers. Un petit morceau de papier jauni tomba de l'un d'eux. Il le ramassa.

– Ah ! le voilà ce papier que je ne trouvais plus ! Je savais bien que j'avais noté l'inscription gravée sur la façade de la villa Vittoria[1].

Il en relut le texte avec ravissement :

– *Nostradamus a logé ici où il y a le Paradis, l'Enfer et le Purgatoire. Je m'appelle la victoire ; qui m'honore aura la gloire ; qui me méprise aura la ruine entière.* Et ce 6 janvier, jour des Rois, j'étais encore à Rome quand j'ai appris le double assassinat du duc de Guise et de son frère le cardinal de Lorraine. Mon père l'avait annoncé dans deux quatrains[2].

Sans doute, je dois une grande partie de ma gloire à la vénération portée à mon progéniteur. J'ai toujours respecté ses convictions et ses engagements. Il m'a appris l'histoire, je suis devenu historien ; il m'a enseigné l'art poétique, je suis devenu poète ; il m'a fait

1. En 1589, César de Nostredame partit sur les traces de son père en Italie. C'est ainsi qu'il se rendit à la villa Vittoria à Turin, où Nostradamus avait séjourné.

2. Voir III, 55 et IV, 60, *Nostradamus historien et prophète*, tome I.

connaître les rudiments de la peinture, je suis peintre. J'aurais, peut-être, pu faire encore plus ? Il m'a fait catholique et je le suis resté. Aussi, j'ai quelque fierté à avoir écrit dans mes *Pièces héroïques et diverses poésies*[1], mon « Sonnet à la Croix » à la gloire de Notre Seigneur Jésus-Christ.

César se mit à déclamer :

Je vous voy tout sanglant, sauveur crucifié,
Sur une haute couche en vos membres dorée ;
Ô table précieuse au ciel même adorée,
Où dort l'Aigneau de paix pasle et sacrifié.

Sang rare et précieux, qui rend purifié
L'Orient, l'Occident et l'Austre et le Borée,
Ayant de ce grand feu la flamme évaporée,
Qui a r'épuré l'homme et l'a déifié.

Ô Croix ! Croix des enfers la terreur et la crainte,
Que chacun doit avoir aux entrailles empreinte ;
Ô cloux, mais diamans et rubis précieux.

Vous portez tout le monde en vos étroites cimes ;
Vous percez les deux pieds qui percent les abîmes,
Vous ouvrez les deux mains qui nous ouvrent les [cieux.

1. Imprimées à Toulouse chez la veuve Colomiez, en 1608. Ce sonnet est publié par Jean Rousset dans son *Anthologie de la poésie baroque française* à la librairie José Corti, 1988.

Après ce petit plaisir qu'il venait de s'offrir, César, éprouvé, accablé et surtout épuisé, rentra chez lui. Une des rares consolations de sa charge était la joie qu'il avait eue de recevoir à Salon, en 1600, Marie de Médicis.

Arrivé chez lui, sa femme Claire, qu'il avait épousée il y avait maintenant dix ans, remarqua son visage sombre, le serra contre lui et l'embrassa tendrement.

César avait rencontré chez cette fille de Jean de Grignan et de Jeanne de Craponne, *de bel accord, le sang, la vertu, le mérite, la beauté et l'inclination pour faire une excellente et divine harmonie de plusieurs grâces*[1].

– Je vois bien que tu es triste, ce soir. Dis-moi pourquoi. Je peux t'aider.

– Les chamailleries et les conflits qui divisent nos concitoyens m'épuisent autant que les horreurs de l'histoire dont mon père m'avait averti. Les guerres de Religion, l'assassinat des Guise, celui d'Henri III, celui d'Henri IV, la guerre contre les Mahométans, tout cela m'est de plus en plus lourd à porter.

– Mais[2] tu m'as souvent cité ce quatrain qui annonce la résurrection des morts, et qui disait à peu près *qu'à l'approche du grand nombre septième il y aurait une période de massacre jusqu'au*

1. *Histoire et Chroniques de Provence.*
2. L'an 2001 sera la première année du septième millénaire.

grand âge millième[1] et qu'après, *ceux qui étaient entrés dans la tombe, en sortiraient*[2].

– Malheureusement, nous ne le verrons pas.

– Qu'importe ? répliqua Claire. Si ce n'est pas nous, ce sera nos descendants...

La nuit était tombée sur Salon ; l'aube d'une ère nouvelle se lèverait bientôt, annoncée par le message prophétique de M. de Nostradamus *pour le plus grand profit des hommes.*

1. Voir X,74, *Nostradamus, nouvelles prophéties – 1999-2025, op. cit.*

2. Dans l'Apocalypse, Satan est enchaîné pour mille ans.

Annexes

Événements prévus par Nostradamus de 1555 à 2026

extraits de *Nostradamus, historien et prophète* tomes I et II, Éditions du Rocher,

et de *Nostradamus, nouvelles prophéties* 1995-2005, Éditions Ramsay.

Les textes concernant l'avenir se trouvent dans ce dernier livre

L'Ancien Régime

1557	Guerre entre le duc d'Albe et le duc de Guise VII,29
1559	Mort du roi Henri II dans un tournoi I,35
1560	La conjuration d'Amboise, le « tumulte » et la guerre des Guise IV,62 et XII,52
1562	La guerre de Condé XII,52
1565	Siège de Malte par les Turcs IX,61
1566	Nostradamus prédit sa propre mort le 2 juillet Présage 141
1570	Prise de Chypre par les Turcs
1571	La bataille navale de Lépante entre la chrétienté et l'Empire ottoman XII,36 – III,64 et VI,75
1572	Le massacre de la Saint-Barthélemy et l'assassinat de Coligny Sixain 52 et IV,8
1574-1575	Guerre des Politiques entre Henri III et le duc d'Alençon VI,11
1574-1576	Cinquième guerre de Religion III,98
1588	Assassinat du duc de Guise III,51
1589	Assassinat d'Henri III – L'avènement d'Henri IV sur le trône de France IV,60

	Siège de Paris par Henri de Navarre IX,86
1594	Sacre d'Henri IV à Chartres, son entrée dans Paris IX,86
1600	Persécutions contre les astronomes : Galilée, Copernic, Giordano Bruno. IV,18
1599-1402	Henri IV trahi par son ami Biron – Exécution de ce dernier Sixain 6
1610	Expulsion des Mahométans d'Espagne III,20
1625-1628	Siège de La Rochelle par les Anglais VI,60 et IX,18
1632	Exécution du duc de Montmorency IX,18
1634	Occupation de la Lorraine IX,18
1636	Guerre contre la Maison d'Autriche IX,18
1640	Les troupes de Louis XIII assiègent Barcelone – Occupation du duché de Montferrat en Italie VIII,26
1642	Mort de Marie de Médicis IX,78
1618-1648	Guerre de Trente Ans – Gaston d'Orléans en Lorraine, son mariage secret avec Marguerite de Lorraine VII,9
1646	La flotte française coulée au large de la Corse III,87 – Le siècle de Louis XIV X,89
1649	Exécution de Charles Ier d'Angleterre – Cromwell « Protecteur » X,22
1658-1714	Occupation de la Belgique par la France IX,49
1683	Siège de Vienne par les Ottomans X,61
1688	Révolution en Angleterre – Conspiration contre Jacques II – Débarquement de Guillaume d'Orange IV,89
1689	Guillaume d'Orange roi d'Angleterre IV,89
1699	Guerre russo-turque I,49
1700	Duc d'Anjou, roi d'Espagne – Guerre de succession d'Espagne V,49

1702-1707 Guerre de la ligue d'Augsbourg – Le duc de Savoie libère la Provence – La révolte des Camisards et le maréchal de Villars Présage 2 et IV,99
1715 La Régence III,15
1720 La Peste de Marseille – La République des Lettres – Les philosophes II,53 et IV,28
1732 Succession des Farnèse en Italie VIII,66
1769 Naissance de Napoléon Bonaparte I,60

La Révolution française

1789 Prise de la Bastille – Serment du Jeu de Paume I,65
1791 Fuite de la famille royale à Varennes IX,20
1792 Fin de la monarchie – Proclamation de la Ier République II,2 et Lettre à Henri II
1792-1799 Les sept ans de la Ire République VI,63
1792 Prise des Tuileries – Famille royale incarcérée au Temple – Bataille de Valmy IX,34 – IX,58 et Sixain 9
1793 Procès de Louis XVI – Affaire de l'armoire de fer – Exécution de Louis XVI – La Terreur – Évasion de Louis XVII de la prison du Temple – Exécution de Marie-Antoinette VIII,23, II,58 et IX,24 – Philippe Egalité et la Révolution – Exécution – Massacres de Nantes – Révolte des Chouans II,98 – III,66 et V,33
1794 Robespierre, la Terreur et la fête de l'Être Suprême – Les Montagnards VIII,80 et IV,63
1795 Aide de William Pitt le Jeune aux Vendéens – Guerre entre la France, l'Allemagne et l'Espagne X,40 et II,39

1796 La première campagne d'Italie – L'armée sarde se livre à Bonaparte – Crémone et Mantoue – Premier mariage de Bonaparte I,24

1797 Les armées autrichiennes vaincues – L'armée de Bonaparte de Vérone à Venise VIII,11 et VIII,33

1795-1799 Les Quatre ans de pontificat de Pie VI – Son enlèvement par l'armée de Bonaparte VI,26

1798-1802 Charles-Emmanuel II, roi de Sardaigne VIII,88

1799 Chute de la Ire République – Le coup d'État du 18 Brumaire (novembre) – Campagne d'Égypte VII,13 – 1,8

1799-1814 Les quatorze ans de règne de Napoléon Ier VII,13

1800 Masséna dans Gênes – Défaite de l'armée autrichienne – Napoléon dans Milan VII,39 et VII,15

1804 Sacre de Napoléon – Proclamation de l'Empire Sixain 57 et I,74

1805 Le duc de Brunswick et les divisions d'Orange, son accord secret avec Dumouriez – Bataille de Trafalgar – Blessures de l'Amiral Gravina X,46 et VII,26

1806 Wurtzbourg, point de départ des conquêtes de Napoléon – Annexion de Naples et de la Sicile – L'invention des fusées – Blocus continental – X,13 – III,25 – IV,43 et I,75

1807 Les troupes françaises en Espagne – Négociation des États pontificaux, leur annexion IV,36

1808 Siège de Saragosse – La famille royale espagnole en France III,75 et IV,2

1808-1809 Siège de Saragosse I,33
1809 Second mariage de Napoléon avec Marie-Louise d'Autriche – Persécution des religieux en Italie et arrestation de prêtres Sixain 57 et VI,9
1810 Internement du pape Pie VII à Fontainebleau – Divorce de Napoléon VII,73
1812 Wellington dans les Basses-Pyrénées à Saint-Jean-de-Luz et le général Soult à Bayonne – Défaite de la Grande Armée – Retraite de Russie – Bérézina IV,70 – VII,85 et VIII,55
1813-1814 Défaites en Italie – Bataille de Toulouse II,33
1814 Bataille de Reims – Première abdication – Trahison de Marie-Louise I,26 et III,44
1815 La campagne de France et la chute de Napoléon Ier I,22
1815 Retour de l'île d'Elbe – Bataille de Waterloo – Deuxième abdication – Napoléon prisonnier des Anglais – Son exil à Sainte-Hélène – Restauration des Bourbons X,24 – II,11 – I,23 et IV,75 – I,58
1815 et 1821 L'île d'Elbe et Sainte-Hélène I,37
1820 Assassinat du duc de Berry par Louvel VI,32
1821 Agonie de Napoléon à Sainte-Hélène IV,35
1825-1833 Guerre d'indépendance de la Grèce – Bataille de Navarin – Massacre de Chio et de Tripolis IX,75 – V,95 et VI,55
1830 Chute des Bourbons – Le drapeau tricolore – Assassinat du dernier des Condé – Les révolutions de 1830 et 1848 II,69 et I,39
1832 Révolte de la rue Saint-Merri VIII,42
1840 Napoléon aux Invalides I,43

1840-1847 Sept ans de conquête de l'Algérie IX,89
1842 Mort accidentelle du fils aîné de Louis-Philippe VII,38
1849 Guerre dans le Piémont – Défaite de Mortara IX,31
1854-1856 Napoléon III – Guerre de Crimée – Siège de Sébastopol III,68
1858 Attentat d'Orsini V,10
1859 Campagne d'Italie de Napoléon III – Napoléon III à Buffalora – Entrée dans Milan – Les Français à Turin et Novare – Réunion des Mille à Gênes VIII,12 – I,6 et IV,16
1860 Victor-Emmanuel, roi d'Italie – Florence capitale – Rattachement de la Savoie à la France – Garibaldi de la Sicile jusqu'à Rome – Garibaldi et l'expédition des Mille V,39 – V,42 – I,11 et VII,31
1870 La dépêche d'Ems – Bazaine à Metz – Garibaldi à Magnavacca et Ravenne – Fin du pouvoir temporel de la papauté, bombardement de la Porta Pia à Rome – Concile Vatican I – Défaite de Sedan – La IIIe République X,7 – IX,3 – III,63 – III,37 – II,44
1871 Débarquement de Garibaldi à Marseille – Défaite de Bourbaki au Mans et de Faidherbe à Cambrai – L'armée de l'Est à Villersexel – Paix de Francfort – Annexion de l'Alsace et de la Lorraine – Rome capitale de l'Italie – Commune, guerre civile Sixain 1 – X,51 – 1,89 – VI,87 – II,77
1883 Naissance de Mussolini entre Rimini et Prato IX,2

1889 Naissance de Hitler à la frontière austro-bavaroise III,58
1830-1870 Quarante ans de guerre pour la France I,17
1870-1914 Quarante ans de paix I,17

Le XXe siècle – le communisme le nazisme – les guerres mondiales

1900 La Belle Époque III,18
1900-2000 Le Siècle de la Gauche II,10
1914 Attentat de Sarajevo – Mort de Pie X – III,11
1914-1918 Première Guerre mondiale – Reims centre de la guerre en France – Prise d'Anvers par les Allemands III,18 – X,52
1916-1918 Bataille de la Somme VI,5
1917 Révolution bolchevique – Interventions étrangères en Russie – Mystère du massacre des Romanov – Communisme et chants révolutionnaires – Prisons – Staline et la chute du tsar Présage 62 – Présage 89 – V,26
1808-1819 Guerre dans les Balkans II,49
1920 Mustapha Kémal – Révolution turque – Démembrement de l'Empire ottoman et perte de l'Égypte II,49 – 1,40
1922 Proclamation de l'Union soviétique Présage 62
1925 Genève centre de conférences internationales : Société des nations et son héritière l'ONU – *Mein Kampf* I,47 – V,5
1931 Exil d'Alphonse XIII I,19
1933 Prise du pouvoir par Hitler – Ses treize ans de pouvoir (1933-1945) VI,84
1934 Franco et la révolte des Asturies – Le

	nazisme et camps de concentration X,48 – VIII,27
1936	Franco nommé chef du gouvernement à Burgos – Primo de Rivera fondateur des phalanges – Guerre d'Espagne, prise de Séville – Massacres de prêtres IX,16 – VI,19
1938	Déclarations de paix de Hitler – Accords de Munich I,34 – VI,90
1939	Mort du pape Pie XI et pontificat de Pie XII – Pacte germano-soviétique – Annexion de la Slovaquie, de la Pologne – Ligne Maginot – Drôle de guerre et écrasement de la Pologne V,56 – V,4 – IX,94 – IV,80 – Sixain 14
1940	Invasion des Pays-Bas, de la Belgique et de la France – Paris occupé – Chute de la IIIe République et gouvernement de Vichy – Le général de Gaulle : le second Thrasybule – La ligne de démarcation VI,30 – Sixain 54 – Lettre à Henri II – I,78
1941	Invasion de la Russie par les armées allemandes III,33
1942-1944	Vingt mois d'occupation totale de la France par les Allemands – Fours crématoires : Hitler le nouveau Néron VIII,65 – IX,17
1943-1944	Libération de l'Italie par les Américains, les Anglais et les Français – Prise de Rome – Libération de la Corse – Conférence de Téhéran V,99 – V,63 – IX,54 – IV,59
1944	Attentat du 20 juillet contre Hitler – Débarquements de Normandie et de Provence – Enlèvement de Pétain par les Allemands, sa trahison, son incarcération à l'île d'Yeu IX,53 – I,29 et X,23 – IV,32 et III,47

1945	Chute de Hitler – Fin de Mussolini et du fascisme Piazza Colonna à Rome – Transport de Mussolini dans un camion à Milan et son exécution – Jonction des armées américaines, françaises, anglaises et russes sur le Danube VIII,81 – IX,2 – I,10 – II,24
1945	Destruction de Hiroshima et Nagasaki II,6 et II,91
1945-1946	Procès de Nuremberg – Guerre froide II,38
1948	Retour des Juifs en Palestine – État d'Israël II,19
1950	Amitié franco-allemande VIII,3 bis
1956	Insurrection hongroise, son écrasement dans le sang II,90
1958	Chute de la IVe République et retour au pouvoir du général de Gaulle III,59
1967	Guerre des Six Jours III,97
1973	Guerre du Kippour – Attaque surprise de l'Égypte Sixains 31 et 35
1974	Démission de Golda Meir VIII,96
1978	Révolution en Iran – L'ayatollah Khomeiny à Neauphle-le-Château – I,70
1979	Chute du chah – Prise du pouvoir par les religieux en Iran – République islamique X,12
1981	La Rose (socialisme) au pouvoir en France II,97 – Étapes de la carrière politique de François Mitterrand : 1966, 1970 et Sixain 44. – La prophétie de Nostradamus portée par les médias sur la terre entière – Assassinat d'Anouar el Sadate – Coup d'État du général Jaruzelski et les persécutions contre l'Église – Manifestations pacifistes II,97 et V,96 – III,2 – II,34 – V,73 – I,91
1981-1984	du 10 mai 1981 au 20 juillet 1984 : les trois

ans et soixante-dix jours de présence des ministres communistes au gouvernement VI,74

1982 Guerre des Malouines – Attentat contre Jean-Paul II à Fatima par un intégriste III,1 – VIII,94

1985 Rupture des relations diplomatiques avec l'Iran Sixain 8

1986 Accident nucléaire de Tchernobyl pendant que la comète de Halley était à égale distance de Saturne et de Mars sur la carte du ciel IV,67

1988 Schisme de monseigneur Lefèvre V,46

1988 Inondations à Nîmes X,6

1989 Retour de séminaristes d'Econe dans le giron de l'Église Présage 75

1990 L'Irak contre l'Occident : attaque surprise du Koweit sept mois après la chute du mur de Berlin – Éclatement du pacte de Varsovie VII,23 et V,81 – II,88, I,50

1991 Guerre civile en Yougoslavie – Fin du communisme en Union soviétique après soixante-dix ans : de la proclamation de l'URSS (30.12.1922) à août 1991 II,32

1991-1998 Continuation de la guerre dans les Balkans II,32 – IX,60 – II,84 – IX,30 – VIII,83 – IV,82

– Rôle important de l'Irak, l'Iran, la Syrie et la Libye dans le soulèvement de l'Islam contre l'Occident III,61 – III,27 – I,8

– L'Iran soulève l'Algérie et la Tunisie contre l'Occident I,73

– Le roi du Maroc est arrêté pour trahison et incarcéré par les intégristes VI,54

– Prise du pouvoir par les intégristes

musulmans en Turquie – Une sécheresse exceptionnelle III,3 – I,17 – III,4
– Multiplications des sectes I,45 – I,55 VII,14 Présage 118 et 109.
– L'Afghanistan se joint au monde arabe contre l'Occident III,90
– Nouvelle guerre israélo-arabe qui provoque la brouille entre les deux « Unis » (Russie et États-Unis) V,78
– D'Israël la guerre s'étend à l'Europe, envahie par l'armée russe et des troupes arabes qui débarquent en Italie et sur la côte méditerranéenne de la France (Marseille, La Seyne-sur-Mer, Port-de-Bouc, Agde) – Effondrement de la Bourse et hausse de l'or III,12 – I,18 – I,28 – VIII,21 – VII,35
– La France occupée pendant deux ans – Durée de la guerre pour la France : trois ans et sept mois X,32
– L'armée russe passe par l'Italie (le Tessin) et la Suisse, livrée au pillage – Destruction de Genève et Lausanne atteintes par une catastrophe écologique : pollution du lac Léman IV,82 – VI,79 – IX,44 et II,64 – VIII,10
– Paris et Tours détruits – Combats dans le Sud-Ouest III,84 – VI,43 – III,92 – IV,46
– Débarquement anglo-américain sur les côtes de Guyenne et du Portugal – Rôle essentiel du roi d'Espagne dans la guerre contre l'Islam. Une armée française joue un rôle important avec à sa tête le grand

Chyren X,11 – X,95 – VI,70 – IX,41 – IV,34.
– Une armée russe est battue dans la Maurienne X,37.
– L'Angleterre occupée (tunnel sous la Manche) II,68 – V,93 – V,62 – X,66
– Le pape fuit Rome, se réfugie à Lyon où il est assassiné (probablement un 13 décembre) V,57 – IX,68.

1998 Catastrophe économique et boursière.

1999 (juillet) La Chine et ses alliés entrent en guerre avec l'Antéchrist à leur tête : Lettre à Henri II et X,72.

1999 Troisième guerre mondiale Sixain 27.
– L'Antéchrist et sa guerre de vingt-sept ans (1999-2025) VI,10 – VI,81 – II,29 – V,54 – IX,45 – IX,50 – VIII,77 – X,66
– Destruction de Rome I,69 – II,93 – X,20 – III,17

N. B. : Tous les quatrains concernant les événements de 1995 à 2025 se trouvent dans *Nostradamus, nouvelles prophéties* paru aux Éditions Ramsay.

Nostradamus et l'Asie
Chine et Japon

Dans la *Préface* à son fils César, Nostradamus précise, comme nous l'avons vu dans le chapitre précédent, que ses prophéties concernent *l'Europe, l'Afrique et une partie de l'Asie.* Les pays asiatiques qui ont retenu particulièrement l'attention du prophète sont, au premier chef, ceux du Moyen-Orient (Turquie, Palestine, Israël, Iran, Irak) et pour l'Extrême-Orient, ce sont essentiellement le Japon et la Chine. Bien des gens qui s'intéressent à Nostradamus se demandent pourquoi il n'a rien prévu pour le continent américain. La réponse à cette question découle, sans doute, de l'histoire de ce « jeune » continent, dont les territoires ont échappé aux ravages des deux premières guerres mondiales. On peut donc supposer que si, par malheur, un troisième conflit éclatait prochainement, l'Amérique, dans son ensemble, serait épargnée une nouvelle fois par la guerre ; ce qui ne signifie pas qu'elle n'y serait pas impliquée, comme elle le fut en 1918 et en 1941. Le monde serait alors partagé et pacifié par les peuples jaunes d'Asie et d'Amérique ; ces deux continents entourent l'océan Pacifique dont on peut se demander si le nom relève seulement du hasard...

La civilisation atlantique est vieillie et usée. Le centre économique du monde s'est déplacé, petit à petit, au XXe siècle, autour du Pacifique. Les deux premières guerres mondiales déclenchées par des pays européens en sont la cause essentielle. En effet, elles provoquèrent une terrible ponction dans leurs démographies : la France perdit quatre millions cent mille hommes et l'Allemagne cinq millions cent mille. Si l'on ajoute la guerre de 1870, les trois guerres franco-allemandes ont constitué une véritable autodestruction dont la France, l'Allemagne, et l'Europe entière ne se sont pas relevées malgré des apparences trompeuses, car la véritable richesse d'un pays n'est pas l'économie mais les hommes.

L'histoire de la Chine et du Japon antérieure au XXe siècle n'a pas intéressé Nostradamus. La raison en est que l'objet essentiel de sa prophétie est centré sur la fin de la civilisation européenne et sur les événements qui la concernent. Or, les peuples jaunes d'Asie ne commencèrent à être vraiment entraînés dans les guerres européennes par les Occidentaux qu'à la fin du XIXe siècle, avec la colonisation de l'Indochine et la pénétration en Chine. À l'aube du XXe siècle, l'Extrême-Orient était en grande partie sous domination de l'Europe : les Indes, la Birmanie, la Malaisie, Ceylan reviennent à la Grande-Bretagne, le Viêt-Nam, le Laos, le Cambodge à la France, l'actuelle Indonésie aux Pays-Bas. L'Espagne, l'Allemagne et le Portugal occupent de nombreux comptoirs. Après ce mouvement de flux expansionniste européen, est arrivé au XXe siècle le reflux de la décolonisation. Partout les nations européennes conquérantes sont rentrées dans leurs frontières, pendant qu'Amérique et peuples jaunes d'Asie prenaient la relève de l'expansion économique.

Les mots utilisés par Nostradamus pour désigner la Chine et le Japon sont : Asie, asiatique, Orient, les Orients, l'Oriental, les Orientaux, les Jaunes ; Sol ou le Soleil-Levant ou Levant, les portes et les solaires pour le Japon et les Japonais.

Hiroshima et Nagasaki

Le premier événement prédit en 1555, concernant l'Extrême-Orient, est la destruction d'Hiroshima le 6 août 1945 et celle de Nagasaki trois jours plus tard.

Cette catastrophe provoquée par le génie destructeur de l'homme est si importante que deux quatrains lui ont été consacrés. Les descriptions sont si saisissantes que Nostradamus, installé dans son bloc espace-temps, a probablement assisté à ces deux destructions qui étaient alors présentes pour lui, mais à venir pour ses contemporains.

II,91

Soleil levant un grand feu on verra,
Bruit et clarté vers Aquilon tendans ;
Dedans le rond mort & cris lon orra,
Par glaive feu, faim, mort les attendans.

Le mot Aquilon désigne toujours la Russie dont le territoire occupe une grande partie de l'hémisphère nord depuis la mer Baltique jusqu'au détroit de Béring. Tendant est mis pour attendant par aphérèse (suppression d'une syllabe au début du mot pour gagner un pied au vers). En ancien français, *orra* est le futur du verbe *orer* qui veut dire souhaiter, et « glaive » signifie « calamité ». Voici donc la traduction de ce quatrain : Au Japon (l'Empire du Soleil-Levant) on verra un grand feu qui provoquera du bruit et de la clarté, la Russie attendant cela (pour entrer en guerre). Dans le cercle de l'explosion atomique, au milieu des cris, on souhaitera la mort. Par la calamité du feu les hommes attendront la mort.

Il est probable que, lorsque Nostradamus dit que des gens souhaiteront mourir, il fait allusion aux survivants horriblement brûlés, irradiés ou atteints sur le plan génétique pour leur descendance. Deux jours après la destruction d'Hiroshima, le 8 août 1945, la

Russie déclarait la guerre au Japon. Elle profitera de l'occasion pour recouvrer le sud de l'île de Sakhaline et annexer de fait les Kouriles.

Le second quatrain précise la nouveauté du fléau atomique :

II,6

Auprès des portes et dedans deux cités,
Seront deux fléaux et onc n'aperçu un tel :
Faim, dedans peste, de fer hors gens boutés,
Crier secours au grand Dieu immortel.

Près des Portes (« Les portes de l'Orient » : le Japon) et dans deux villes (Hiroshima et Nagasaki), il y aura deux fléaux que l'on n'avait encore jamais vus ; ils provoqueront la famine et la maladie. Les gens seront frappés par autre chose que le fer de la guerre (allusion à l'uranium qui sert à fabriquer les armes atomiques) et ils appelleront Dieu au secours par le biais de son représentant sur terre, c'est-à-dire l'empereur, garant de la pérennité du Japon.

Effectivement, le 15 août 1945, l'empereur Hirohito annonçait la capitulation du Japon dans une allocution radiodiffusée.

L'Antéchrist

Il est important de préciser que le mot *ante* signifie en latin avant et que la déformation en *anti*, c'est-à-dire contre, est due aux prophéties catastrophiques et calamiteuses attachées à ce personnage. L'Antéchrist serait peut-être ce personnage venu d'Asie pour persécuter les chrétiens avant l'avènement véritable du christianisme. En effet, les premiers chrétiens furent persécutés en christianisant l'Europe et une partie de l'Asie pacifiquement, sans coup férir.

Après les persécutions de l'Empire romain vinrent, au Xe siècle, les persécutions des « barbares » avec Attila et ses hordes asiatiques, puis celles des Sarrasins à partir du VIIe siècle, et enfin celles des Mongols au XIIIe siècle.

À partir du VIIIe siècle, et surtout au XIe, les peuples chrétiens, pour lutter contre les invasions arabes, ont manié l'épée, trahissant ainsi l'avertissement donné par Jésus à Pierre au jardin des Oliviers. Rappelons ici ce que rapportent les Évangiles : les soldats romains venaient arrêter Jésus. Pierre saisit son épée et voulut frapper les soldats. Jésus lui demanda de la rengainer et lui dit : « Celui qui manie l'épée périra par l'épée. » Le christianisme et son éthique non violente sera fort probablement la base qui régira les rapports entre les hommes au moment de l'établissement de la paix universelle annoncée par l'Apocalypse comme par Nostradamus. Cela expliquerait la phrase du Christ : « Mon royaume n'est pas de ce monde », c'est-à-dire de l'ère chrétienne qu'il était en train d'ouvrir. Le christianisme recommencerait pratiquement à zéro dans une immense persécution semblable à celle qui vit sa naissance.

Voici comment Nostradamus annonce ce personnage antéchristique dans le quatrain suivant :

X,75

Tant attendu ne reviendra jamais,
Dedans l'Europe, en Asie apparoistra :
Un de la ligue issu du grand Hermès,
Et sur tous Roys des Orients croistra.

Dans la mythologie grecque, Hermès, appelé Mercure par les Romains, est le messager de l'Olympe, c'est-à-dire du Ciel. Il s'agit probablement d'une allusion à l'origine de l'Antéchrist dans le céleste Empire. Il était le dieu de la ruse, soit en paroles et en actions, soit même par fraude, parjure et larcin. À cause de cela, il est considéré comme le dieu des voleurs (allusion aux pillages auxquels se livrèrent les deux premiers conquérants asiatiques, Attila et Gengis Khan). Enfin, Hermès était le dieu de l'éloquence et l'on sait que l'Antéchrist sera un tribun qui enflammera de nombreux pays contre l'Occident. Le mot ligue, pris en mauvaise part, signifie coalition ou complot. Par le pluriel « les Orients », Nostradamus désigne le Moyen-Orient et l'Extrême-Orient.

Celui (l'Antéchrist) qui aura été tant attendu (dans tous les textes prophétiques de la tradition occidentale) sera chassé définitivement. Il apparaîtra en Asie pour venir en Europe. Il sera issu d'une coalition de voleurs et croîtra en pouvoir sur plusieurs chefs d'État du Moyen-Orient et de l'Extrême-Orient (peuples jaunes et islamiques d'Asie).

Cette dernière invasion antichrétienne en Europe, venue d'Asie, est précisée dans la *Lettre à Henry, roy de France second : La persécution des gens d'Église prendra son origine dans la puissance de la Russie unie avec les Orientaux* (Chinois). *Et cette persécution durera un peu moins de onze ans, et c'est alors que s'effondrera le principal État, savoir la Russie. Ces onze années révolues, surgira son allié méridional* (pays islamiques du Moyen-Orient) *qui persécutera avec encore plus de violence, pendant trois ans, les gens d'Église, par le moyen d'une séduction apostatique d'un personnage qui tiendra sa toute-puissance de l'Église militante* (intégrisme islamique), *et le saint peuple de Dieu, observateur de sa loi et tous ordres religieux seront grandement persécutés et affligés, tellement que le sang des ecclésiastiques nagera partout, et un des horribles chefs d'État temporels* (l'Iran ?) *recevra de telles louanges qu'il en profitera pour répandre plus de sang humain d'innocents hommes d'Église que nul ne saurait avoir autant de vin ! Et ce chef-là commettra d'incroyables forfaits contre l'Église, au point que le sang humain coulera dans les rues et dans les églises comme l'eau par forte pluie ; et les fleuves qui nous sont proches* (le Tibre, la Seine, le Pô, etc.) *rougiront de sang, et, en outre, la mer rougira à cause d'une grande guerre navale, si bien que les rapports qui en seront faits d'un chef d'État à l'autre pourront dire : les guerres navales ont rougi la surface de la mer. Puis, dans cette même année et durant les suivantes, cela entraînera la plus horrible pestilence qui s'ajoutera à la famine précédente et l'on connaîtra de si grandes tribulations qu'il n'en était jamais arrivé de telles depuis la fondation de l'Église du Christ, et cela par toutes les régions d'Italie. Cela laissera des traces dans toutes les régions d'Espagne. C'est alors que le troisième chef de la Russie entendant la plainte du peuple et sa principale revendication, dressera une très grande armée et franchira les détroits* (mer Baltique, Bosphore, détroit d'Ormuz, golfe d'Aden) *qui avaient été convoités par ses aïeux et bisaïeux, pour le remettre en son état. Puis le grand Capétien* (le futur roi de France, appelé grand Chyren) *sera remis en son état primitif ; mais, à la fin, son règne sera désolé et tout sera abandonné, pour en arriver à la destruction du saint des saints* (Rome) *par le paganisme. L'ancien et le nouveau Testament seront interdits et brûlés, après quoi l'Antéchrist sera le prince infernal ; et pour la dernière fois, tous les pays chrétiens trembleront, et aussi à cause des infidèles* (islamiques) *pendant vingt-cinq ans* (cf. VIII,77, chap. V), *il y a aura des guerres et des batailles encore plus ruineuses, et les villes, les villages, les châteaux et autres édifices seront brûlés, désolés ou détruits avec une grande effusion de sang de jeunes filles, de femmes mariées, de veuves violées, les nourrissons jetés contre les murs des villes qui seront ainsi heurtés et brisés* (bombardements) *; et tant de malheurs seront provoqués par Satan, prince des Enfers, et presque toute la planète sera désorganisée et désolée.*

Après ce temps que les hommes auront trouvé long, la face de la terre sera renouvelée par l'avènement de l'âge d'or. Dieu le Créateur ordonnera, entendant l'affliction de son peuple, que Satan soit enchaîné et jeté dans l'abîme de l'Enfer, dans la profonde fosse : commencera alors entre Dieu et les hommes une paix universelle, et Satan demeurera lié pendant environ mille ans, ce qui apportera une plus grande force à la puissance de l'Église ; et puis il sera à nouveau délié.

Le sixain suivant annonce un troisième conflit provoqué par le communisme du « céleste » Empire (la Chine) :

Sixain 27

Céleste feu du côté d'Occident,
Et du Midy, courir jusqu'au Levant,
Troisiesme aage à Mars le Belliqueux,
Des Escarboucles on verra briller feux,
Aage Escarboucle, & à la fin famine.

Le dictionnaire de Furetière (XVIIe siècle) définit ainsi le mot « escarboucle » : « grenat rouge de sang qui viendrait d'un *dragon.* » Belle image pour définir le communisme chinois !

On verra le feu de la guerre chinoise du côté de l'Occident, et depuis le Midy (les pays islamiques) jusqu'au Japon ; la vie animale et végétale sera à demi morte ; ce sera la troisième époque de guerre (du XXe siècle) ; on verra briller les feux de la guerre des Rouges ; ce sera le temps des Rouges et à la fin on connaîtra la famine.

Plusieurs qualificatifs sont donnés à l'Antéchrist, personnage hors du commun. Entre autres noms, Nostradamus fait référence pour ce personnage à la Hongrie, parce qu'au Ve siècle Attila avait installé son quartier général en Hongrie (alors la Pannonie) sur la rive gauche du Danube. Étymologiquement le mot Hongrie signifie « pays des Huns ».

Sixain 47

Le grand d'Hongrie, ira dans la nacelle,
Le nouveau né fera guerre nouvelle
À son voisin qu'il tiendra assiégé,
Et le noireau avec son altesse,
Ne souffrira que par trop on le presse,
Durant trois ans ses gens tiendra rangés.

Le mot « nacelle » désigne fort probablement une machine volante ; en effet, le mot fut utilisé au début du siècle pour les dirigeables. « Noiraud » se dit d'une personne qui a les cheveux très noirs et le teint brun ; comme le mot « noir », ce terme désigne probablement le chef d'État irakien.

Le grand chef des Huns (l'Antéchrist) viendra en avion. Ce nouveau venu fera une nouvelle guerre à son voisin (l'Europe de l'Ouest ?) qu'il assiégera, et le chef d'État irakien avec son orgueilleuse autorité ne supportera pas qu'on l'oppresse (embargo ?) et tiendra en réserve ses soldats (gens d'armes) pendant trois ans.

V,47

Le grand Arabe marchera bien avant,
Trahy sera par le Bisantinois :
L'antique Rhodes lui viendra au devant,
Et plus grand mal par austre Pannonois.

Bisance, ancienne capitale de l'Asie Mineure, désigne la Turquie. En ancien français, « venir au-devant » signifie « empêcher ».

Le grand chef arabe se mettra en guerre (Saddam Hussein et la guerre du Golfe ?) bien avant (l'Antéchrist) ; il sera trahi par le chef turc ; l'antique Rhodes (la Grèce) lui fera obstacle et l'autre Hun (l'Antéchrist) provoquera encore plus de malheur.

V,48

Après la grande affliction du sceptre,
Deux ennemis par eux seront défaicts :
Classes d'Affrique aux Pannons viendra naistre,
Par mer & terre seront horribles faicts.

Ce quatrain se rapporte au précédent. Il est à noter qu'il est fort rare que Nostradamus mette à la suite deux quatrains concernant les mêmes événements. En ancien français, *naistre* signifie « poindre ».

Après la grande oppression du pouvoir, deux ennemis seront battus par eux (les Pannonois, c'est-à-dire ceux de l'Antéchrist). Les armées venues d'Afrique (probablement du Maghreb) viendront poindre vers (les armées de) l'Antéchrist (avec probablement également la signification géographique de la Hongrie) et elles feront d'horribles actes sur terre et sur mer.

III,60

Par toute Asie grande proscription,
Mesme en Mysie, Lysie & Panphilie :
Sang versera par absolution,
D'un jeune noir remply de felonnie.

« Depuis l'Antiquité, on trouve bien des exemples de sanglantes proscriptions, ayant presque toujours pour objet de frapper non des coupables, mais des adversaires politiques. » (Dictionnaire Larousse.) La Mysie, la Lysie et la Pamphylie sont des régions d'Asie Mineure, aujourd'hui la Turquie. L'absolution est l'action d'absoudre juridiquement un accusé. Noire est le nom donné à la dynastie musulmane des Abbassides dont la capitale fut Bagdad, parce qu'elle avait adopté la couleur noire pour ses vêtements et ses drapeaux. Ce terme et l'expression « plein de félonie » dépeignent Saddam Hussein, chef d'État de l'Irak. Dans le numéro spécial du journal *Libération* (n°5 de septembre 1990) consacré à la guerre du Golfe, Marc Kravetz écrivait, sous le titre « Saddam, le nouveau calife de Bagdad » : « Le président irakien s'est donné des biographes assez zélés pour lui tailler une ascendance à la mesure de son pouvoir sans limite. Nabuchodonosor, Saladin, *le calife abbasside...* » Le contexte permet de dire que le mot « par » est mis pour « para » avec une élision du « a » devant absolution, et signifie donc contre. Quant à « jeune », il a ici le sens d'héritier.

À travers toute l'Asie, il y aura de sanglantes condamnations pour raisons politiques, et même en Turquie. Le sang sera versé sans pitié par un héritier des abbassides plein de félonie.

Les condamnations et exécutions d'opposants politiques en Chine qui durant depuis des années (voir la place Tien'anmen), sont indiquées dans ce quatrain. En ce qui concerne la Turquie, il s'agit de la répression contre les Kurdes, outre que de nombreux opposants au régime sont en prison. Quant à Saddam Hussein, Marc Kravetz écrit dans le même article : « Ce ne sont pas seulement des adversaires déclarés que l'on pourchasse en Irak. Une justice sommaire, au mieux, règle le sort d'éventuels opposants, mais on y assassine sans formalité des assimilés *comploteurs* (proscriptions) qui n'ont pas eu le temps de *comploter,* ou des rivaux potentiels qui n'oseraient pas même afficher un centième des ambitions qu'on leur prête, sans oublier les suspects par définition, politiques, comme autrefois les communistes, les nassériens, confessionnels, s'agissant des chiites ou Kurdes parce que Kurdes. » Nostradamus relie entre elles, ici, les proscriptions dans les pays d'Extrême-Orient et du Moyen-Orient.

En ce qui concerne l'époque de ces événements la *Lettre à Henry, roy de France second* donne de précieuses indications : *Toutefois, espérant avoir laissé par écrit les événements qui toucheront les ans, les villes, les cités, les régions ; et même les années 1585 et 1606, à partir d'aujourd'hui, le quatorze mars 1557. Et allant bien au-dleà de ces dates jusqu'à l'avènement du début du septième millénaire* (l'an 2000), *par une mûre réflexion, jusqu'à mon calcul astronomique et autre connaissance m'ont permis d'aller ; époque à laquelle les adversaires de Jésus-Christ et de son Église* (communistes et islamistes) *commenceront à pulluler...*

L'alliance entre la Russie et la Chine est précisée un peu plus loin dans cette lettre : *Ô quelle calamiteuse affliction connaîtront alors les femmes enceintes* (allusion aux effets de la radioactivité) *et le principal chef oriental* (la Chine) *sera soulevé par la Russie, les Occidentaux ayant été vaincus...* Un autre passage de cette lettre donne la même indication et annonce, en outre, l'établissement d'une paix universelle : *Cela sera du côté de la Russie par la volonté divine et cela aura lieu une fois que Satan aura été enchaîné ! C'est alors que sera faite une paix universelle entre les hommes et que l'Église de Jésus-Christ sera délivrée de toute tribulation, après que les habitants de Gaza* (les Palestiniens) *auront voulu mêler du fiel au miel* (image de perfidie) *par leur infâme séduction, et cela sera proche du septième millénaire* (1998-1999), *de telle sorte que le sanctuaire de Jésus-Christ* (le Saint Sépulcre à Jérusalem) *ne sera plus foulé au pied par les infidèles* (les musulmans) (allusion au saccage opéré par le roi des Perses Khosroés II en 614) *qui viendront de la Russie* (républiques islamiques de la communauté des États indépendants), *le monde approchant d'une grande conflagration* (près du 7e millénaire), *bien que mes supputations dans mes prophéties ne couvrent pas tout le cours du temps qui va beaucoup plus loin.*

IV,68

En l'an bien proche non esloigné de Vénus,
Les deux plus grands de l'Asie & d'Affrique,
Du Ryn et Hister qu'on dira sont venus,
Cris, pleurs à Malte & costé ligustique.

Vénus symbolise l'ouest dans la Kabbale. D'autre part les populations qui peuplaient l'Amérique avant l'arrivée des Européens fondaient leur calendrier sur le cycle de Vénus. Enfin, la statue de la Liberté est une belle femme comme Vénus dans la mythologie. C'est pourquoi il est fort probable que Vénus désigne les États-Unis. Les deux plus grands pays d'Asie et d'Afrique sont respectivement la Chine avec 9 561 000 km^2 et le Soudan avec 2 505 813 km^2. Hister est l'ancien nom du Danube. Les côtes liguistiques concernent la Ligurie en Italie.

L'année s'approche où l'Amérique dominera, on dira alors que Chinois et Soudanais sont venus du Rhin et du Danube (après les batailles dans la mer Adriatique – voir chapitre IV). Il y aura alors des cris et des pleurs à Malte et sur la côte ligure.

La capitale du Soudan, Khartoum, est le siège de la conférence panislamique, où sont régulièrement tenus des propos violemment antioccidentaux. Ce quatrain est à rapprocher des quatrains concernant le ravage des côtes méditerranéennes par les troupes islamiques au chapitre V.

V,11

Mer par solaires seure passera,
Ceux de Vénus tiendront toute l'Affrique :
Leur règne plus Saturne n'occupera,
Et changera la part Asiatique

Nostradamus désigne par solaires les habitants du Soleil levant, c'est-à-dire le Japon. En ancien français seure signifie sécurité. Saturne symbolise l'âge d'or (2025).

On franchira la mer en sécurité grâce aux Japonais. Les Américains tiendront toute l'Afrique, leur puissance ne tiendra que jusqu'à l'âge d'or (2025) et la partie de l'Asie (Japon ?) subira des changements.

V,53

La loy du Sol, & Vénus contendans,
Appropriant l'esprit de prophétie ;
Ne l'un ne l'autre ne seront entendus
Par Sol tiendra la loy du grand messie.

Contendre signifie en ancien français combattre et approprier veut dire acquérir. Pour Nostradamus qui est catholique, *le grand messie* ne peut être que le Christ.

Américains et Japonais, combattant sous la même loi, s'approprieront la diffusion du message prophétique (du Christ). Ni l'un ni l'autre ne seront écoutés. La loi du grand messie (le Christ) se maintiendra grâce au Japon.

Ce quatrain laisse supposer que, lors de l'avènement de la paix universelle, aux environs de 2025, les États-Unis et le Japon joueront ensemble un rôle capital dans l'instauration de l'éthique chrétienne non violente.

En juillet 1995, la 6e chaîne de télévision japonaise m'a rendu visite pour m'apprendre que le gourou de la secte Aum utilisait des quatrains de Nostradamus ainsi que mon premier livre de 1980 pour se présenter comme le vrai messie. Il avait même affirmé qu'il avait pris contact avec moi, mais que j'avais refusé de le recevoir. De tels mensonges sont courants de la part des gourous de toutes les sectes qui pullulent actuellement sur la planète.

Cette même chaîne de télévision m'a également appris qu'il y avait en Corée une secte qui avait pris le nom de Nostradamus. Quelle honte !

Le quatrain suivant indique, une fois encore,

l'union entre les États-Unis et le Japon contre l'Islam, appelé « sélin » du mot grec *séléné* qui signifie la lune.

VI,58

Entre les deux monarques eslonguez,
Lorsque le Sol par selin clair perdue :
Simulté grande entre deux indignez,
Qu'aux isles & Sienne la liberté rendue.

Les deux chefs d'État éloignés sont les États-Unis et le Japon séparés par l'océan Pacifique. En ancien français « simulté » signifie haine, inimitié et « indigner » haïr, mépriser. Les îles désignent toujours les îles Britanniques.

Entre les deux chefs d'État des États-Unis et du Japon, lorsque le Japon aura fait perdre son éclat au croissant (de l'Islam), la haine sera grande (contre l'Islam) entre les deux États haïs (par les islamistes), jusqu'à ce que l'Angleterre et l'Italie soient délivrées.

Voici d'autres précisions concernant ces événements :

VI,98

Ruyne aux Volsques de peur si fort terribles,
Leur grand cité taincte, faict pestilent :
Piller Sol, Lune & violer leurs temples
Et les deux fleuves rougir de sang coulant.

Les Volsques étaient une ancienne nation de l'Italie, dont le territoire était séparé du pays des Étrusques par le Tibre. Les deux fleuves dont il est question sont fort probablement le Tibre et le Pô, qui sont les deux principaux fleuves d'Italie. Les Italiens connaîtront une ruine si forte et si terrible qu'elle entraînera la panique. Leur grande cité (Rome) sera teinte (de sang). L'Islam pillera (les biens) japonais et les églises (ou les banques « temples » de l'argent) ; le Tibre et le Pô rougiront du sang qui coulera.

Présage 124

Les bleds trop n'abonder, de toutes autres fruits force,
L'esté, printemps humide, hiver long, neige, glace :
En armes l'Orient, la France se renforce,
Mort de bestail prou miel, aux assiegez la place.

Il y aura une pénurie de céréales et une grande quantité d'autres denrées. Après un été et un printemps humides, il y aura un hiver long avec neige et glace. L'Orient sera en armes et la France se renforcera. Le bétail mourra (épidémie ?), il y aura peu de miel (ou de douceur) ; les assiégés résisteront.

L'adversaire principal de l'Anthéchrist sera le futur roi de France dont les précisions le concernant sont données au chapitre V.

Sixain 15

Nouveau esleu patron du grand vaisseau,
Verra longtemps briller le cler flambeau
Qui sert de lampe à ce grand territoire,
Et auquel temps armez sous son nom,
Joinctes à celles de l'heureux de Bourbon
Levant, Ponant, & couchant sa mémoire.

Comme le mot « nef », le grand vaisseau désigne l'Église catholique et particulièrement le Vatican.

« Cler » signifie « illustre » en ancien français. Le mot « lampe » au figuré désigne une source de vie ou de clarté. Le mot « couchant » se rapporte à l'Amérique et le mot « Ponant », utilisé jadis dans la Méditerranée pour désigner l'Océan, indique ici l'Europe de l'Ouest.

Le nouvel élu de l'Église (le pape) verra briller longtemps l'illustre flambeau (la torche enflammée de la statue de la Liberté à New York) qui sert de symbole de vie à ce grand territoire (États-Unis) ; et dans les temps où ils seront en armes au nom (de la liberté), joints aux armées de l'heureux Bourbon (le grand Henri), sa mémoire se conservera du Japon à l'Amérique, en passant par l'Europe.

« La IIIe République française offrit aux États-Unis une statue gigantesque de Bartholdi, *la Liberté éclairant le monde,* comme gage de fraternité. Elle fut élevée en 1886 dans l'île Bedloe, dans la rade de New York. Haute de quarante-six mètres, faite de cuivre repoussé, elle est placée sur un piédestal qui a lui-même plus de vingt-cinq mètres. Son bras droit soulève une *torche enflammée* (cler flambeau). » (Dictionnaire Larousse.)

I,56

Vous verrez tost & tard faire grand change,
Horreurs extremes & vindications.
Que si la Lune conduite par son ange,
Le ciel s'approche des inclinations.

L'expression *tôt et tard* désigne les deux dates clés indiquées par Nostradamus, 1792 qui représente le commencement de la fin de la civilisation européenne et 1999 la fin. En ancien français « vendication » signifie « vengeance ». Le mot « ange » désigne ici l'Antéchrist, appelé l'ange exterminateur. « Inclination » vient du latin *inclinatio* qui signifie « changement ».

Vous verrez tôt (1792) et tard (1999) faire de grands changements qui se traduiront par des horreurs extrêmes et des vengeances, pendant que l'Islam sera ainsi conduit par son ange (exterminateur, l'Antéchrist), au moment où le ciel (la Chine) sera proche des changements (fin du communisme).

I,25

Perdu, trouvé, caché de si long siècles,
Sera pasteur demy Dieu honoré :
Ains que la Lune acheve son grand siècle,
Par autres vents sera déshonoré.

Au figuré, un pasteur est un homme qui exerce une autorité. En ancien français « ains » signifie « avant ». Le mot « vent » au figuré signifie orgueil, vanité. Le premier vers fait allusion à la descendance de la branche aînée des Bourbons, officiellement éteinte depuis la disparition du dauphin Louis XVII au Temple en 1795.

(L'ascendance des Bourbons) qui avait été perdue et cachée pendant de si longs siècles (de 1795 à nos jours) réapparaîtra dans un chef qui sera honoré comme un demi-dieu : avant que l'Islam achève son grand siècle (le XXe ?), car il sera déshonoré par d'autres vanités.

L'avènement du septième millénaire marque, non seulement le troisième et dernier grand conflit, mais aussi l'accomplissement de la prophétie de Nostradamus :

I,48

Vingt ans du règne de la Lune passée,
Sept mille ans autre tiendra sa monarchie,
Quand le soleil prendra ses jours lassez,
Lors accomplir et mine ma prophétie.

Les Romains avaient mis sur la croix du Christ l'inscription « Jésus de Nazareth, roi des Juifs ». En ancien français, « lasse » signifie « malheureux ». Mine et mis pour termine par aphérèse.

Après vingt ans de puissance islamique (1998-2018 ou 2005-2025 ?), le Christ roi tiendra sa monarchie jusqu'en l'an 7000 (an 3000 de l'ère chrétienne), quand le Japon connaîtra des jours de malheur (Hiroshima et Nagasaki), alors ma prophétie sera terminée et accomplie.

Ce quatrain fait référence au chapitre XX de l'Apocalypse :

« 1. Après cela, je vis descendre du ciel un ange, qui avait la clé de l'abîme, et une grande chaîne à la main.

2. Et il saisit le dragon (allusion à l'origine asiatique de l'Antéchrist), l'ancien serpent qui est le diable et Satan et le lia pour mille ans (2025 à 3000).

3. Et il le jeta dans l'abîme et l'y enferma, et le scella sur lui, afin qu'il ne séduise plus les nations, jusqu'à ce que les mille ans fussent accomplis ; après quoi il faut qu'il soit délié pour un peu de temps.

4. Alors je vis des trônes, sur lesquels s'assirent des gens à qui le pouvoir de juger fut donné (orga-

nisations internationales, ONU) ; je vis aussi les âmes de ceux qui avaient été décapités pour le témoignage de Jésus et pour la parole de Dieu (persécutions annoncées par Nostradamus), qui n'avaient point adoré la bête, ni son image, et qui n'avaient point pris sa marque sur leur front, ou à leurs mains, et qui devaient vivre et régner avec le Christ pendant ces mille ans. »

Table des matières

Composition P.C.A.
Bouguenais 44340

Impression réalisée sur CAMERON par
BRODARD ET TAUPIN
La Flèche

pour le compte des Éditions Ramsay
en juin 1997

Imprimé en France
Dépôt légal : juin 1997
N° d'impression : 1548S-5
ISBN : 2-84114-282-5
50-0930-3
RAR 697